D1750969

Wolfgang Wehap (Hrsg.)
RadLerleben

Wolfgang Wehap (Hrsg.)

RadLerleben

Ansichten steirischer RadfahrerInnen,
vom Sattel aus notiert

Mit Illustrationen von
Georg Szyszkowitz

Mit freundlicher Unterstützung
des Landes Steiermark/Verkehrsressort

Das Land Steiermark
Verkehrsressort

Leykam

© by Leykam Buchverlagsges.m.b.H. Nfg. & Co. KG, Graz 2009

Alle Rechte vorbehalten
Kein Teil des Werkes darf in irgendeiner Form (durch Fotografie, Mikrofilm oder ein anderes Verfahren) ohne schriftliche Genehmigung des Verlages reproduziert oder unter Verwendung elektronischer Systeme verarbeitet, vervielfältigt oder verbreitet werden.
Covermotiv: © Waltl & Waltl
Covergestaltung: Peter Eberl, www.hai.cc
Gesamtherstellung: Leykam Buchverlag

ISBN 978-3-7011-7654-0
www.leykamverlag.at

Inhalt

Editorial 9

Günther Huber: Konstante – Veränderung 14
Ein bekannter Gastronom erlebt die Stadtentwicklung über die Jahre vom Fahrradsattel aus auf dem Arbeitsweg.

Peter Grabensberger: Eine kleine, feine Sicht der Welt 18
Der Leiter des Grazer Kulturamtes führt als Kronzeugen für seine Radpassion klassische Denker und Schreiber an.

Edith Temmel: Vom Kurbelfahrrad mit gläsernen Flügeln... 23
Mit Fantasie wird aus dem Drahtesel ein edles Pferd, das hilft, die Fesseln der Erdenschwere abzustreifen.

Johannes Koren: Der „Simultan-Stern" zu Graz 30
Auch geübte Alltagsradler sind vor Stürzen nicht gefeit, vor allem nicht in einer Stadt mit Straßenbahn.

Kristina Edlinger-Ploder: Büroradeln und das Dilemma mit dem Chic am Bike 34
Die steirische Verkehrslandesrätin taucht ins morgendliche Verkehrsgewühl, kommt auf dem Weg ins Büro auf die richtige Betriebstemperatur und sieht letztlich über modische Unpässlichkeiten hinweg.

Gunther Hasewend: City-Cruisen mit dem Dreirad – Mein Nahverkehrsmittel ohne Führerschein............ 42
Für den Landesbaudirektor a.D. ist sein Gefährt das gemütlichste Fahrzeug der Welt. Eine Begründung.

Günther Tischler: Das Fahrrad als Metapher
für eine andere Verkehrspolitik 50
*Ein Radaktivist der ersten Stunde über Erich Edegger,
die Grazer VeloRution und was davon geblieben ist.*

Monika Savas: Seit drei Monaten trocken 57
*Eine Alleinerzieherin stieg von heute auf morgen auf
das Fahrrad um und erlebte Überraschendes.*

Walter Müller: Semper et ubique 64
*„Der Standard"-Redakteur ist schon zu 50 Prozent
Rad. Über die Gefahr, süchtig zu werden und die
Gewissheit, stabil zu bleiben.*

Hubert Sudi: Pendeln in der „fliegenden Banane"
oder: Meine Vorliebe für supereffiziente Exoten 70
*Der Südsteirer fährt täglich insgesamt 55 km zur
und von der Arbeit und bedient sich dabei
unkonventioneller radfahrtechnischer Lösungen.*

Harald Rössler: Radlfoahrn „im Dienst"
in einer Landgemeinde.. 75
*Der Gemeindeamtsleiter von Maria Buch-Feistritz
fährt zu Trauungen oder Bauverhandlungen öfters mit
dem Waffenrad vor und sorgt damit für Irritationen.*

Matthias Rassi: Lebensbahnen statt Autobahnen 80
*Beruflich fuhr er Lkw, sonst Rad, weil das Radfahren
seinem Konzept von Mobilsein und Sportlichkeit
entspricht.*

Ernst Sittinger: Vom Elend des Alltagsradl(n)s.
Ein Sportgerät ist kein Verkehrsmittel –
oder doch? 86
*Auch Höchstleistungsradler finden viele Hinderungs-
gründe, im Alltag auf das Fahrrad umzusteigen. Ein
individueller Therapieansatz.*

Eva Rümmele: „Velochicks" – Von Renn- und
anderen Hühnern 92
*Die Gründerin der „Velochicks" (gegr. 2005) reflektiert
über den Sinn eines Frauenradsportvereins und zieht
Vergleiche zu den „Vorfahrerinnen" des Grazer Damen-
Bicycle-Club (gegr. 1893).*

Martin Orthacker: Fixed Gear und
kalkuliertes Risiko 97
*Martin, Funkname „Sic", wurde Fahrradbote und
leitet heute den Botendienst „Veloblitz".*

Angela Pilz: Aus dem Leben einer Fahrradbotin 106
*Dienst bei Schneeregen und im Kampf mit diversen
Problemen – und trotzdem bereit für den nächsten
Auftrag.*

Valeska und Philipp Schaudy:
Radlalltag anderswo 113
*Grazer Paar durchradelt alle Kontinente – Impressio-
nen vom Radalltag in Afrika, Australien und Indien.*

Andrea Stanitznig: Ein Leben im Sattel................... 123
*Junge Journalistin trifft Tini Pölzl, die als Zeitungs-
austrägerin in einer GU-Gemeinde viele Kilometer auf
kleinem Raum gemacht hat.*

Werner Schandor: Kunsters Kosmos........................ 126
*Werner Kunster betreibt seit Ewigkeiten eine Fahrrad-
werkstätte in einem Hinterhof im Grazer Zentrum und
ist der letzte echte Fahrradmechaniker.*

Heidi Schmitt: Wo Licht ist, …
Radlerdisziplin auf dem Prüfstand 131
*Eine abendliche Ausrüstungskontrolle wirft auch die
Frage auf, wie viel an Ordnungswidrigkeit gut tut.*

Klaus Höfler: Geständnis eines „Ausgenommenen" 137
Warum es so toll ist, gegen Gesetze und die guten Sitten zu verstoßen. Anmerkungen und Anregungen aus dem Luxusbiotop individueller Straßenverkehrsanarchie.

Jörg-Martin Willnauer: Auf dem Rad 142
Ein Gedicht.

Colette M. Schmidt: Die gestohlene Freiheit oder Psychogramm eines Fahrraddiebes 143
Nach sieben gestohlenen Zwei- und einem Einrad reicht´s wirklich – eine persönliche Abrechnung.

Wolfgang Wehap: Emmas schnittige Säfte. Anfänge einer Radlkarriere. 150
Wann werden die Weichen für die künftige Verkehrsmittelwahl gestellt? Dem Nachwuchs in einem Kinderanhänger Fahrgefühl und Umwelt nahezubringen, ist ein guter Anfang.

Günter Getzinger: Blick in die Zukunft urbaner Mobilität – Bikecity Graz 2020 157
Ein Universitätsmensch entwirft eine Utopie, wie sich ein sanft mobiles Graz entwickeln könnte.

Die AutorInnen 165

Editorial

Ja, natürlich gibt es so etwas wie Radfahrkultur. Sie umfasst das, was Menschen, die oft und gerne mit dem Fahrrad unterwegs sind, in ihrem *Way of life* verbindet, was sie untereinander austauschen und weitergeben, wie sie Umweltbedingungen reflektieren. Sie findet sich wieder in bestimmten Verhaltensmustern des Alltags ebenso wie in künstlerischen Äußerungen der Musik, darstellenden Kunst, von Film oder – Literatur. Die hier vorliegende Anthologie sollte ein Radlesebuch werden und ist es, so hoffe ich, auch geworden. Also weder politisches Manifest noch Strategiepapier, keine historische oder sonstige wissenschaftliche Abhandlung, sondern eine Kompilation verschiedener kürzerer Beiträge zum Thema Radfahren mit dem Fokus auf das Alltagsradeln, verfasst von steirischen RadlerInnen und SchreiberInnen. Idealerweise fallen diese beiden Attribute bei fast allen zusammen, d. h. mit wenigen Ausnahmen sind die AutorInnen selbst RadlerInnen, die vom Sattel aus eigene Erlebnisse, Befindlichkeiten, Einschätzungen und Kritiken notiert haben.

Wer mehrere SchreiberInnen, konkret 26 an der Zahl, zu einem Thema zwischen den Deckeln eines Buches versammeln will, kann von Glück sagen, wenn dies so reibungslos und produktiv funktioniert wie im gegenständlichen Fall: Zuerst noch etwas unsicher, wohin denn die Reise gehen würde und ob ich mich nicht mit Überschneidungen, schwer verständlichen Kopfgeburten und an der Idee vorbeizielenden Polit-Statements herumschlagen müsse, wurde ich mit jedem eintreffenden Beitrag entspannter – das Ding rundete sich zu einem eigenen Ganzen in einer Weise, wie ich es gar nicht zu hoffen gewagt hatte. Ich war neugierig auf den jeweils nächsten eintreffenden Artikel und war fast traurig, als alle da waren. Und bis auf einige wenige waren auch alle in der abgemachten Zeit da. Herausgeberische Vorgaben und Eingriffe konnten sich da auf ein Minimum beschränken.

Ich gebe zu, ein Startvorteil war, dass ich einige KollegInnen aus der schreibenden Zunft um Mitwirkung gebeten habe. Da weiß man, was man hat, wenn die Eingeladenen selbst radeln und die Technik von Essay, Kommentar und Satire beherrschen. Doch es sind bei Weitem nicht nur ProfischreiberInnen, die zur Feder bzw. in die Laptop-Tastatur gegriffen haben. Bis auf Ausnahmen folgen alle Beiträge dem Prinzip der selbst verfassten Erzählung: In nur zwei Fällen wird davon abgegangen, wenn Werner Schandor über seinen Lieblings-Mechaniker Werner Kunster und Andrea Stanitznig über die Zeitungsausträgerin Tini Pölzl berichten. Damit zusammenhängend wird im Falle dieser beiden Porträts – und beim Flügelrad von Edith Temmel – auch ausnahmsweise fotografisch illustriert. Sonst sprechen die Geschichten für sich, werden von Karikaturen des Georg Szyszkowitz begleitet und durch Mini-Bios der AutorInnen im Anhang ergänzt.

Wichtig war mir persönlich, dass die wirklichen AlltagsradlerInnen, die man als Alltagsradler in Graz ja fast alle kennt, zu Wort kommen, dass Persönlichkeiten aus unterschiedlichen Gesellschaftsgruppen Gelegenheit hatten, ihre verschiedenen Zugänge zum Thema darzulegen, und dass auch die junge Szene vertreten ist: Wer, wenn nicht sie, wird den Spirit des Radfahrens weitertragen und dafür sorgen, dass eine seit 125 Jahren dem Prinzip nach unveränderte Erfindung weiterhin eine Erfolgsgeschichte bleiben wird?

Ein Wort zum Titel „RadLerleben", der sicher nicht rasant originell ist, aber in seinen beiden Betonungen die Hauptstoßrichtungen anzeigt: Das Erleben auf dem und das Leben mit dem Rad. Im Übrigen hat der erste steirische Radbuchautor, Baron Heinrich von Esebeck, sein 1885 erschienenes Büchlein mit „Radfahrerleben" ähnlich getitelt, wenngleich er seine Betrachtungen zum Thema durchgehend in Reimen abgefasst hat.

In der Anordnung habe ich im Groben versucht, einen Bogen zwischen zwei Texten mit historischem Bezug zu spannen: Zwischen Günther Tischlers Abriss über jene Zeit, in der die heutige Ära des Stadtradelns (in Graz) begann, bis zu Günter Getzingers Mobilitäts-Utopie (für Graz), die über das Radfahren hinausgeht, dieses aber zum Kern hat. Dazwischen liegen handfeste und liebevolle Schilderungen des RadlerInnenalltags von PendlerInnen und solchen ZeitgenossInnen, die berufsbedingt mit Radfahren und Fahrrädern zu tun haben, empirische und philosophische Beiträge und pointierte Kommentierungen, die immer gut lesbar sind und stets kurzweilig bleiben. Natürlich werden auch Standards der Rad-Sachliteratur berührt, etwa wie viel Disziplin nottäte oder welches Kraut gegen Raddiebe gewachsen sein könnte.

Punktuell habe ich mit der Aneinanderreihung extrem unterschiedlicher Lösungen desselben Phänomens Wirkung zu erzielen beabsichtigt: Etwa, um die ferne Verwandtschaft aufzuzeigen zwischen dem jungen abenteuerlustigen Weltrumradler-Paar und der 80-jährigen Zeitungsausträgerin, die in summa vier Mal die Erde umrundet hat, dafür aber nie ihre kleine Route in der Grazer Umgebungsgemeinde verlassen hat.

Nochmals: Das größte Kompliment gehört den BeiträgerInnen, die es hier – weitgehend unabgestimmt – geschafft haben, einiges von dem Mikrokosmos textlich abzubilden, was das Radfahren und die Radfahrkultur abseits vom trockenen verkehrspolitischen Diskurs ausmacht. Besonderer Dank gebührt Verkehrslandesrätin Kristina Edlinger-Ploder, und zwar in dreifacher Hinsicht als Beiträgerin, als Sponsorin und als Ideengeberin für das Projekt an sich, sowie dem Leykam-Verlag in Person von Christine Wiesenhofer, die nach dem kulturhistorischen Sachbuch „frisch, radln, steirisch" (2005) nun das zweite Projekt aus dem Genre mit mir gemeinsam realisiert hat.

Graz, im April 2009

Der Klassische

Günther Huber
Konstante – Veränderung

Im Jahr 2002, eines Morgens entlang der Mur: Ich steige ab von meinem Fahrrad und blicke voll Anerkennung auf das, was sich vor meinen Augen in der Mur abspielt. Vor einigen Tagen noch lagen die vielen Einzelteile aus Stahl und Eisen, ohne Sinn zu geben, am Ufer der Mur. Heute überrascht mich der schwimmende Körper der Insel nach einem Arbeitstag auf meinem Weg nach Hause auf dem Wasser. Und nun bin ich live dabei, als mit mehreren Kränen eine Rampe zu Wasser gelassen wird, die fortan das rechte und linke Ufer des Flusses miteinander verbinden soll.
Mit dem Radl ist man nicht nur do, sondern man ist mitten drin. In anderen Worten: Rad zu fahren ist mehr als Fortbewegung. Es ist ein Verkehrsmittel, das einen direkt ins Geschehen einbindet, an den Veränderungen einer Stadt teilhaben und das Leben im Vergleich zum Autofahren bewusster und intensiver erleben lässt.
Genau das habe ich auf meinem Weg von unserer Wohnung hin zum Landhauskeller im Herzen der Grazer Innenstadt. Seit zwanzig Jahren fahre ich auf meinem Weg zur Arbeit immer über die Keplerbrücke die Mur entlang über den Franziskanerplatz in die Schmiedgasse. Vor allem in den letzten Jahren hat sich viel verändert. Von meinem Fahrradsattel aus konnte

ich die vielen Großbaustellen wie die Murinsel, das Kunsthaus und den Bau der Kastner & Öhler-Tiefgarage vom Anfang bis zum Ende mitverfolgen. So wurde ich zum Zeitzeugen, während mir der Wind durchs Haar pfiff.

Das tut er einmal mehr, einmal weniger, der Wind. Die Jahreszeiten sind gerade an der Mur noch deutlicher zu erkennen als anderswo. Das zeigt sich ganz deutlich an den verschiedensten Veränderungen am Schlossberg. Die Kraft der Natur blinzelt mitten im Stadtgeschehen durch, wenn im Frühjahr die ersten Blumen zwischen den Felsen der Bergwand ihre Blüten entfalten. Der tägliche Weg auf dem Rad lässt mich an diesem Prozess teilhaben. Schon wenn ich mit dem Rad aus der Haustüre komme, den kalten Lenker in der Hand, bekomme ich ein erstes Gefühl, wie der Tag heute wird. In den nächsten Minuten auf meinem Weg zum Landhauskeller kann ich mich auf meinem Fahrradsessel auf diesen Tag einstellen.

Der Weg führt mich zuerst von der Keplerstraße über die Keplerbrücke. Manchmal muss ich schmunzelnd an jene bizarren Situationen zurückdenken, als es am Kaiser-Franz-Josef-Kai noch keine eigene Trasse für die Straßenbahn gab, so dass alle Autos in der Einbahn halten mussten, bis die Straßenbahn durch war. Gelegentlich kam es vor, dass jemand die vermeintliche Stille nutzte, um aus der Parklücke zu entweichen. Nur um dann erschrocken und fassungslos der Straßenbahn gegenüberzustehen.

Am Kai angelangt sende ich den Gebäuden des berühmten Architekten Günther Domenig einen stillen Gruß. Die moderne Architektur, die Altehrwürdiges gut mit Neuem verbindet, führt heute in die Grazer Altstadt hinein. Ich radle weiter und nähere mich dem nächsten architektonischen Wunderwerk: der Grazer Murinsel. Das vom Künstler Vito Acconci für die Kulturhauptstadt 2003 entworfene Projekt brachte einen fantastischen neuen Kunstraum mitten in die Öffentlichkeit. Nicht in Museen abgeschlossene, sondern direkt – auch vom Radl aus – erlebbare Kunst.

Auf meinem Weg begegnen mir bekannte Gesichter. So wie ich machen andere Menschen dieselben Schritte jeden Tag und legen tagtäglich die gleiche Strecke zurück. Alles scheint konstant, aber genauso konstant ist die Veränderung. Am deutlichsten zeigen das die Baustellen. Der Bau der Kastner & Öhler-Tiefgarage war ein beeindruckendes Erlebnis, dem ich Schritt für Schritt beiwohnte. Das riesige, alte Gebäude wurde von scheinbar zündholzdünnen Pfeilern in die Luft gehalten, während darunter die Garage entstand. Täglich erwartete ich den Einsturz des Gebildes, täglich trat er nicht ein.

Das Schöne am Fahren auf dieser kurzen Strecke ist, die Entwicklungen mitzumachen. Neugierig wägt man am Anfang ab, wie der Bau am Ende wohl aussehen wird, erkundigt sich in den Medien über das geplante Vorhaben und wohlwollend fällt einem plötzlich eines

Tages auf: Es ist vollbracht. Etwas Neues ist geschaffen.

Meine Eindrücke auf dem Weg zur Arbeit auf dem Rad sind tatsächlich vielfältig. Diese tägliche Strecke verbindet moderne und sehr alte Elemente, sie verbindet vorher und nachher – es wird einem bewusst: Diese Stadt lebt und pulsiert.

Schließlich tauche ich ins Zentrum ein. Am Franziskanerplatz ist immer viel los, besonders im Sommer grüßen mich die Bewohner der Stadt an allen Ecken und heißen mich willkommen. Jetzt bin ich in der Nähe des Landhauskellers und damit fast angekommen. Zuletzt biege ich in die Schmiedgasse ein, wo meine zweite Heimat liegt, mein Betrieb, und dort anzukommen ist jedes Mal aufs Neue eine Freude.

Peter Grabensberger
Eine kleine, feine Sicht der Welt

Mein Verhältnis zu dieser Fortbewegungsart ist rasch beschrieben: Ich bin bekennender Radfahrer, der mehr oder minder jeder Wetterlage trotzt und getreu dem Motto, es gäbe kein schlechtes Wetter, sondern nur schlechte Kleidung, winters wie sommers auf zwei Rädern nicht motorisiert unterwegs ist. Wobei dieses Unterwegssein mit je rund einer halben Stunde Fahrzeit von Zuhause zum Arbeitsplatz inmitten der fahrradgeprüften Stadt Graz fest umrissen ist. Dass alle weiteren Wege innerhalb der Stadt ebenfalls mit dem Fahrrad absolviert werden, ermöglicht es, bei allen Terminen pünktlich zu sein. Womit wir bereits bei einem der Vorteile des Radelns im Stadtgebiet sind: Welche/r NutzerIn anderer Mobilitätsmittel kann von sich behaupten, im wahrsten Sinn des Wortes im letzten Augenblick zu starten und dennoch der knappest berechneten Zeitvorgabe zu entsprechen?
Die mit Graz wohlvertraute Schriftstellerin und Übersetzerin Ilma Rakusa definiert in ihrem Essaybändchen „Langsamer!" (Literaturverlag Droschl, Essay 54, 3. Auflage, Graz/Wien 2005), als Vorzüge langsamen Reisens die *„Sinnlichkeit des Erlebens, das räumlich-gegenständliche Anschauen, die wache Wahrnehmung, das Jetzt-Gefühl"*.
Soeben zu frühmorgendlicher Stunde mit dem Fahr-

rad entlang der Mur unterwegs gewesen, bewahrheitet sich für mich diese literarisch gewordene Formulierung. Ilma Rakusa bemüht Goethe im Gespräch mit Eckermann und zitiert ihrerseits: *„Man muß (!) mit der Natur langsam und läßlich (!) verfahren, wenn man ihr etwas abgewinnen will."*

„Die Entdeckung der Langsamkeit" ist Titel eines 1983 erschienenen Romans des deutschen Schriftstellers Sten Nadolny, nicht von ungefähr in eine Zeit rasanter Ultra-Mobilität hinein gedacht und verfasst. Und wäre der Protagonist nicht der englische Kapitän und Polarforscher John Franklin, der wegen seiner Langsamkeit mit der Schnelllebigkeit seiner Zeit nicht Schritt halten kann – wenngleich er „trotzdem" zum großen Entdecker wird –, es böte sich sicher auch ein Fahrradfreak als Alternative an. Denn selbst im Schnellen bietet Radfahren noch Naturerleben pur, und sei es der Bodenkontakt, den wir radelnd suchen und zugleich zu verhindern bemüht sind.

Denn das Radeln in der Stadt bietet Kuriosa, wie sie mir nur einmal passiert sind – im Großen und Ganzen glimpflich verlaufen, versteht sich, und vielleicht im milden Rückblick der Geschichte auch noch geschönt. Wie eine morgendliche Fahrt in der frühsommerlich beschienenen Brucknerstraße, als plötzlich Kühlendes auf der Gesichtshaut unterm Helm zu prickeln begann. Die Reaktion des Straßenbautrupps brachte rasch die Erklärung: Ein Schlauch mit Kaltbitumen – dem Himmel sei es gedankt, kein glühender Asphalt

– versprühte seinen Inhalt vorerst unbemerkt auf die gesamte, nicht gesperrte Fahrbahnfläche inklusive passierende Objekte. Der Lacherfolg für den solcherart Markierten war ein unendlicher, denn auch die sonst liebenswerte Sekretärin im rathäuslichen Büro hielt sich vor Lachen nicht. Noch heute dankt der Fahrradfreund der Hautklinik am LKH, wo ein ebenfalls lachendes ÄrztInnenteam in wenigen Minuten den Geschwärzten von seiner Pigmentierung befreite. Da war die plötzlich aufgestoßene Autotür am Straßenrand, die den ohnedies nur langsam Tretenden zu einem Wunderflug über die Lenkstange hinweg veranlasste; vorerst ohne die Schmerzen zu verspüren, die der Schock hintanhielt. Dem Flugaspiranten waren dabei die Rippen geprellt worden, was er allerdings erst viel später merkte. Dass bei der Schilderung solcher Unglücke die Mitmenschen nur kurz Entsetzen mimen, dafür umso länger zum Humor tendieren, war das eigentlich Schmerzende im Brustbereich. Nein, keineswegs ein Seelenschmerz, sondern das Mitlachen war es, das die Unfallfolgen wochenlang in Erinnerung rief.

Doch was sind solche unliebsamen und doch belustigt rezipierten, glückhaft verlaufenen Malversationen gegenüber dem vielen Schönen, das nur beim Radfahren erlebt werden konnte? Auf dem Tempel des Apoll in Delphi war einst die Aufforderung vermerkt gewesen: *„Erkenne dich selbst".* Selbsterkenntnis war somit als Basis jedes sinnvollen Denkens definiert, wurde letztlich sogar zum Ursprung der Philosophie. Wer zu früher Morgenstund' oder spätabends die Möglichkeit hat, mit dem Fahrrad unterwegs den Tag vorweg oder im Nachhinein zu rekapitulieren, möchte meinen, die ersten griechischen Philosophen müssten Radfahrer gewesen sein.

Oder nehmen wir einfach die Erkenntnisse, die uns Kajetan Franz von Leitner in „Vaterländische Reise von Grätz über Eisenerz nach Steyer" 1789 (nachzulesen im Österreichischen Bundesverlag, Wien 1983) mitgibt: *„Man hat oft gesagt, ein Fremder könne ein Land besser beschreiben als ein Eingeborener. Ich widerspreche nicht, daß (!) jener scharfen Blick, Unparteilichkeit, Vergleichungsvermögen und so manches in einem höheren Grade besitzen kann als dieser; aber verlässliches (!) Nachrichten darf man sicher von einem Eingeborenen eher erwarten als von einem fremden Reisenden. Übrigens steht jener zu seinem Gegenstande auch in einem ganz andern Verhältnis als dieser ..."*

Auch da könnten wie in so vielen anderen Situationen die Erlebnisse einer Drahteselfreundin oder eines Pedalfreaks von heute Pate gestanden sein. Einfach aus dem Sattel betrachtet, der eine kleine, feine, entschleunigte Weltsicht möglich macht.

Von Leitner ist der Weg nicht weit zu Johann Gottfried Seume, dem spätaufklärerischen Fußreisenden, der auf dem Weg von Grimma bei Leipzig nach Syracusa auf Sizilien 1801 auch durch Graz gekommen ist: Abgesehen davon, dass er bemerkte, dass die Grätzer im Durchschnitt viel besser Deutsch sprechen als die

Wiener, macht ihn auch seine empirische Verknüpfung von Fortbewegungsart und Lebenseinstellung interessant: *„Sowie man im Wagen sitzt, hat man sich sogleich um einige Grade von der ursprünglichen Humanität entfernt. Man kann niemand mehr fest und rein ins Angesicht sehen, wie man soll: man thut notwendig zu viel oder zu wenig"*. Wobei man korrekterweise sagen muss, dass die ersten Fahrräder (Bicycles) auch „Wagen" genannt wurden und es im Seume-Zitat als Metapher auf das soziale Gefälle zwischen „denen da oben" und „denen im Straßenstaub" weiter heißt: *„Fahren heißt Ohnmacht, Gehen Kraft. Schon deshalb wünschte ich nur selten zu fahren, und weil ich aus dem Wagen so bequem und freundlich einen Groschen geben kann."*

Diese kleine Auswahl an Klassikern waren keine Radler. Sie hätten aber welche gewesen sein können, hätte es damals diese wunderbare Erfindung schon gegeben. Ihnen eigen sind langsames und lässliches Verfahren mit der Umwelt, verlässliches Nachrichtgeben über den Zustand derselben, eigene Erdung in Sachen sozialer Wahrnehmung und Humanität – Tugenden, die RadlerInnen für sich in Anspruch nehmen dürfen, ohne großspurig daherzukommen. Diese Zuschreibungen dokumentieren auch ihre Verwandtschaft mit den Zufußgehenden, jenen, die, wie man selber, der Spezies der Nichtmotorisierten oder der sogenannten schwachen (besser: ungeschützten) VerkehrsteilnehmerInnen angehören.

Edith Temmel
Vom Kurbelfahrrad mit gläsernen Flügeln

In meiner Kindheit hat mich immer die Art der Inbetriebnahme von Autos fasziniert, welche man in alten Filmen sehen kann: Zuerst setzt sich der Fahrer oder die Fahrerin, sportlich gekleidet mit Mantel und Schal, energiegeladen hinter das Lenkrad eines Sportwagens, ähnlich wie ein Pilot ins Cockpit eines flotten kleinen Flugzeuges. Da sitzt er nun. Er drückt auf den Starter, oder dreht den Schlüssel, damit die Zündung einsetzt. Nichts passiert. Er probiert es noch einmal. Und noch einmal. Der Fahrer rückt sich den Hut zurecht, schaut nach hinten, ob wohl nirgends ein schadenfroher Beobachter lauert, womöglich gerade der eifersüchtige

Konkurrent/die eifersüchtige Konkurrentin. Noch ein Versuch. Wieder ohne Erfolg. Der Fahrer entsteigt dem Auto, holt aus dem Kofferraum eine relativ große, unhandliche eiserne Kurbel und steckt ein Ende irgendwo im unteren Bereich des Motors in einen Metallzapfen. Mit heroischer Anstrengung dreht er nun ein paar Mal am anderen Ende die Kurbel.

Das Fahrzeug beginnt zu husten, schüttelt sich wie ein gerade vor dem Gartenschlauch geflohener Hund und steht nun zitternd auf seinen vier Rädern da. Triumphierend läuft der Fahrer in Windeseile mit der Kurbel wieder nach hinten, befördert lässig das nun wesentlich leichter wirkende Werkzeug in den Kofferraum, hält mit der einen Hand seinen Hut fest, während er mit der anderen Hand seinen Schal, welcher zwischendurch auf dem morastigen Boden schleifte, in einer hoheitsvollen Geste um den Hals nach hinten wirft. Mit der dritten Hand sollte er nun auch gleichzeitig die Wagentüre öffnen – nun, es geht schon, die Hand ist wieder frei, der Fahrer steigt ein, startet – und ab die Post.

Von hinten sieht man noch ein Ende des langen Schals fröhlich flattern, die Morast-Flecken im Stoff trocknen ja schnell im Fahrtwind.

Solche Szenen haben mich immer sehr erheitert. Vor allen Dingen wurde der Eindruck suggeriert, man könne jedes Vehikel wie ein Blechspielzeug mittels Drehschlüssel und Stahlfeder aufziehen. Die nun auf diese Art gespeicherte Energie entlade sich daraufhin federleicht oder raketenhaft schnell über Motor und Räder und ließe sich gar mit einer einzigen Fingerbewegung beliebig steuern.

Auch ein Flug-Vehikel ist mir in Erinnerung, welches ich in einem alten Stummfilm gesehen habe. Riesige gerippte Flügel waren mit einem fahrradähnlichen Gerät kombiniert. Darauf saß ein Mann in sportlichem Dress, welcher mächtig in die Pedale trat. Mit großer Anstrengung strampelte der Mann immer schneller bis das Ding in Fahrt geriet und vom vorbeistreichenden Wind eine Handbreit vom Boden erhoben wurde. Die Landung jedoch erfolgte einigermaßen unsanft und ließ jede Spur von Eleganz vermissen.

Solche Beispiele beflügelten damals meine kindliche Fantasie und so wünschte ich mir zum Geburtstag sehnlichst etwas, das ich damals für mich erreichbar wähnte und doch ein Instrument war, das mich der Erdschwere entheben würde – ein Fahrrad.

Da sich mein Schulweg mittels Straßenbahn als äußerst zeitaufwendig herausstellte, bekam ich eines Tages wirklich zum Geburtstag ein Fahrrad geschenkt. Eine liebe Freundin der Familie nahm sich viel Zeit und brachte mir das Radfahren bei. Alle Kinder in der Nachbarschaft radelten am Samstagnachmittag im Seitengässchen um die Wette, manchmal hatten sie auch einen Fußball dabei, und dann ging es hoch her. Nun war ich ebenfalls stolze Besitzerin eines Drahtesels und durfte der Rasselbande zugehören. Das war ein Spaß! Mit einiger Übung konnte ich, so wie die anderen auch, freihändig fahren oder über eine kleine Sprungschanze hüpfen.

Mein Schulweg gestaltete sich von nun an wesentlich erfreulicher und ich genoss das Gefühl der Selbstständigkeit, war nicht mehr vom Fahrplan der Straßenbahn abhängig.

Mein Fahrrad behielt ich auch noch lange über die Schulzeit hinaus, bis es mir leider eines Tages abhanden kam. Es wurde mir untreu. Vielleicht ist es, das brave Eselchen, mit einem fremden „Herrl" mitgegangen. Ich war ihm nicht böse deswegen, absolvierte die Fahrschule und kaufte mir ein Auto.

Dies ist nun einige Jahrzehnte her.

Voriges Jahr hatte ich beruflich in der schönen norddeutschen Stadt Paderborn zu tun. Die Werkstatt der Glasmalerei, in welcher ich arbeitete, liegt am äußersten nordöstlichen Stadtrand. Man fragte mich, ob ich denn vielleicht ein Fahrrad zur Verfügung gestellt haben wolle, um in dieser schönen Jahreszeit die Gegend zu erkunden. Das freundliche Angebot war sehr verlockend und ich nahm es dankend an. Selbstbewusst führte ich das schwarze Ding an seiner Lenkstange in den hinteren Hof des Gebäudes. Das Vehikel kam mir einigermaßen gediegen, um nicht zu sagen schwergewichtig, vor. Keine Spur von Eleganz. Dieses Stahlross verhielt sich im Vergleich zu meiner Vorstellung von Rad wie ein braves Pinzgauer Pferd zum feurig tänzelnden, abenteuerlustig schnaubenden Araberhengst. Pinzgauer dagegen sind eben Ackerpferde.

Ich versuchte also, diesen Gaul zu besteigen. Es war mir, als ob er wieherte.
Ein verstohlener Blick zur oberen Fensterfront gab mir die Gewissheit, dass niemand heimlich hinter dem Vorhang stand, um meine kläglichen Versuche hämisch zu beobachten.
Nach einigen Versuchen schaffte ich es, einigermaßen die Balance zu halten und das Ding in Bewegung zu setzen. Der Gaul schien zu schnauben und tat gerade so, als wollte er mit den Hinterhufen ausschlagen. Einen fremden Gaul soll man ja nicht beschädigen, also mussten meine eigenen Kniescheiben herhalten. „Rodeo ist ein Spazier-Ritt", dachte ich mir und versuchte, tapfer zu sein.
Wo waren die Zeiten, wo ich noch behände und schnell mit großer Geschicklichkeit mein Fahrrad steuerte?
Die alten Filme fielen mir wieder ein und ich wünschte sehnlichst eine eiserne Kurbel herbei, um dieses störrische Vehikel zum Laufen zu bringen.
Ein mit Muskelkraft betriebenes „Kurbel-Fahrrad" sollte man erfinden. Wäre doch ganz einfach: Die Stahlfeder müsste wie der Motor eines Mopeds im Inneren des Drahtesels verborgen bleiben. Den Zapfen sollte der Konstrukteur gleich unter dem Gepäckträger anbringen. Die Kurbel sollte selbstverständlich etwas handlicher ausgeführt sein. Die größte Attraktion an diesem Fahrzeug wäre jedoch ein Paar ausklappbare gläserne Flügel, welche das Ding in die Lüfte heben. Ich erinnere mich an jenen alten, weißbärtigen

Herrn, welcher an der Lenkstange seines Fahrrades etliche Kinder-Windräder montiert hatte. Er war ein bekanntes Unikum im Grazer Stadtbild. Vielleicht hatte er ähnliche Gedanken.
Neidisch dachte ich an die Schwärme von radfahrenden Ausflüglern, welche wie wendige Fischlein die schattigen Radwege dieser Stadt am Wochenende bevölkerten.
Ob gutes Zureden hilfreich wäre? Sollte ich mir den „Pferde-Flüsterer" zum Vorbild nehmen? Sollte ich wie einst Winnetou Iltschi das geheime Wort ins Ohr flüstern, und es machte daraufhin einen riesigen Sprung in die Lüfte? Es flöge wie ein feuriges Ross über den Wolken dahin, wetteifernd mit Buraq, dem Pferd Mohammeds, welches geradewegs ins Paradies galoppiert, wenn es nicht gerade vom Erzengel Gabriel gebraucht wird für den Pendlerverkehr zwischen Mekka nach Jerusalem und retour. Es flöge in Windeseile in luftigen Höhen, alle Hindernisse überwindend, gleich dem schnaubenden weißen Hengst Akbusat, welcher mit seiner Zauberkraft die bösen Mächte zwischen Himmel und Erde besiegt.
Es flöge dahin, das stählerne Ross – keine Rede mehr von einem Drahtesel –, galoppierte tänzelnd an den einfältigen Fischlein vorbei, stemmte die Vorderbeine bravourös zur Courbette wie die weißen Spielzeugpferde der Wiener Hofreitschule. Alle würden rufen: „Welch ein herrliches Tier!"
Mein Pinzgauer sah mich blöde an. Er muss wohl

meine Gedankengänge erahnt haben. Er wackelte mit keinem Ohr und ließ mich gottergeben endlich aufsteigen.
So habe ich, mühsam und hoffentlich unbeobachtet, meine Lektion gelernt.
Schön langsam wagte ich mich dann doch in die grüne Freiheit der sommerlichen Umgebung Paderborns.
Mein geplanter Ausflug in den nahe liegenden Naturpark Eggegebirge wurde vorerst von einem lang anhaltenden Gewitter vereitelt. Am darauffolgenden Sonntag begab ich mich jedoch vorsichtig auf einen der sechs Paderborner Radrundwege, um die schöne alte Stadt zu erkunden. Diese Radrundwege „umgeben die Kernstadt wie Blütenblätter eine Blume", heißt es im Werbetext der Tourismus-Information, was ich aus eigener Erfahrung bestätigen kann.
Letztendlich genoss ich diese kleinen Ausflüge sehr. Mein Pinzgauer stand mir in dieser Zeit treu zur Seite und beförderte mich, wohin auch die Reise ging, ohne zu murren.
Gerade, als mir das Radfahren wieder Spaß machte, ging die Zeit in Paderborn zu Ende. Der diesjährige City-Triathlon wird wohl ohne uns stattfinden. Ich tätschelte meinem schwarzen Pferd zum Abschied noch einmal zärtlich den Stahlrosshals. Es war mir wieder, als ob es wieherte.
Diesmal klang das Wiehern eher erleichtert.

Johannes Koren
Der „Simultan-Stern" zu Graz

Es geschah an einem späten Jännertag in den Neunzigerjahren des vorigen Jahrhunderts. Wie eine dunkle Glocke hatte sich der Feinstaub, gemischt mit einem unangenehmen Nebel, über Graz gestülpt. Kein Stäubchen Schnee hatte es seit Weihnachten gegeben und die Grundstimmung an diesem Vormittag war schlicht und einfach trist. Ich hatte mein Fahrrad, welches mir im Lauf der Jahre fast so etwas wie eine zusätzliche Extremität geworden war, in der Leonhardstraße an den Gitterzaun gehängt, der den kleinen Park des Palais Meran umfängt. Genau dorthin führte mich mein Weg. Er galt einer Besprechung mit dem Rektor der Musikuniversität, Otto Kolleritsch. Als ich ihn nach etwa einer Stunde verließ, hatte es unerwartet einen Regenschauer über der Stadt gegeben. Der feine Staub war auf der Straße zu einer schmierigen dünnen Schicht geworden, die den Asphalt und die Pflastersteine überzog. Ein diabolisches Gemisch, wie sich bald zeigen sollte.
Kaum hatte ich nämlich mein Rad bestiegen und zwischen den Straßenbahnschienen die Fahrt durch die Leonhardstraße in Richtung Maifreddygasse aufgenommen, passierte es: Unachtsamkeit in Verbindung mit den Gesetzen der Physik richteten ein teuflisches Werk an. Genau dort, wo die Straßenbahn in die

Der Intellektuelle

Maifreddygasse einbiegt, geriet ich auf dem rutschigen Boden in die Schienen und es geschah, was geschehen musste. Der Fliehkraft folgend, stürzte ich nach rechts vom Rad und flog zu meinem Glück zwischen parkende Autos. Die nachkommenden Fahrzeuge hatten nämlich auf dem rutschigen Untergrund so gut wie keine Chance zu bremsen.

Mein treuer Drahtesel hingegen verharrte in der Schiene, in die er geraten war, und fuhr so lange in die Maifreddygasse, bis auch ihn die Schwerkraft zu Boden zwang. Mir einem metallischen Scheppern verkündete er, dass er aufgehoben zu werden wünschte.

Ich erhob mich so schnell ich konnte, bemerkte, dass das Volk der Hilfreichen unter den Grazern offensichtlich ausgestorben war, schaute ich doch nur in neugierige und – wie mir schien – grinsende Gesichter. Ein Blick zu meinen aufgeschundenen Handflächen, kurze Kontrolle, ob Kopf und Knochen heil waren, und wieder auf das Rad geschwungen, welches zu meinem Erstaunen nur leichten Schaden genommen hatte. Dass mein bester grauer Anzug über dem rechten Knie einen beachtlichen Riss hatte, der den Blick auf meine blutige Kniescheibe freigab, bedeutete mir erst meine Sekretärin, die mich mit dem Ausruf „Ja wie schaun denn Sie aus!" empfing, als ich einige Zeit später in meinem Büro eintraf. Diesem Ausruf folgte der gute Rat, mich doch im Waschraum ein wenig zu säubern, davor aber noch unbedingt zu Hause

anzurufen. Es sei sehr dringend, habe ihr meine Frau am Telefon gesagt.
Und wenn eine Frau einer Sekretärin etwas Dringendes ausrichtet, dann muss es schon wirklich wichtig sein.
Und das war es auch.
Als ich nämlich, immer stärker von Schmerzen heimgesucht, die sich durch den weichenden Schock an die Oberfläche kämpften, meine Frau telefonisch erreichte, wurde mir die tatsächliche Wichtigkeit meines Rückrufes klar.
Gab sie mir doch Kunde von dem, was ihr, etwa zu jener Zeit, als ich vor dem Parkhotel durch die Maifreddygasse segelte, zugestoßen war: Wie ich mit ihrem Fahrrad unterwegs, war sie dort, wo die Straßenbahn von der Kaistraße an der Mur in die Sackstraße einbiegt, ebenfalls auf dem schmierigen Untergrund ins Rutschen gekommen, in den Schienen gelandet und mit Karacho auf die Gehsteigkante gestürzt. Unsere Berechnungen ergaben, dass wir ungefähr zur gleichen Zeit den „freien Fall" geübt und so etwas wie einen echten „Simultan-Stern" gebaut hatten.
Das Schlimme an der Sache war, dass bei mir nur das Knie – und das ganz leicht – und die Handflächen verletzt waren, sie sich aber einen veritablen Kapseleinriss am Schultergelenk zugezogen hatte, der sie noch lange und schmerzhaft an die innige Bekanntschaft mit der Gehsteigkante in der Sackstraße erinnern sollte.

Kristina Edlinger-Ploder
Büroradeln und das Dilemma mit dem Chic am Bike

Zugegebenermaßen haben mein Fahrrad und ich bloß eine Lebensabschnittspartnerschaft. Sobald die Temperaturen gegen Null gehen, nehme ich noch einmal alle Kräfte zusammen, schultere das Gefährt, transportiere es hinauf in den achten Stock, wo es in einem eigens dafür konzipierten Holzverbau verstaut wird. Bis sich wieder Frühlingstemperaturen einstellen, reduziert sich meine Leidenschaft für blitzendes Chrom in Form von Speichen und Lenkergabel bloß darauf, andere tapfere Pedalritter, die sich durch Eis und Schnee kämpfen, aufrichtig zu bewundern. Ich selbst ziehe beheizte Fortbewegungsmittel wie Straßenbahn und/oder Auto vor.

Der Abschied von der freien Wildbahn – in Anbetracht mancher RadfahrkollegInnen ein treffender Begriff – fällt gar nicht schwer. Umso größer ist nach den langen Wintermonaten die Freude, wieder Teil einer immer größer werdenden Community zu werden, die die Stadt und ihr pulsierendes Leben intensiver und spannender erlebt als alle anderen VerkehrsteilnehmerInnen. Wo sonst kann man den Unterbau und die Kurbelwelle eines Lastkraftwagens so unvermittelt nahe studieren, einem Artisten gleich dem Gegenverkehr auf dem Radweg durch geschickte Gewichtsverlagerung aus-

weichen und Aug' in Aug' mit dem plötzlich auf die Straße springenden Fußgänger kommunizieren?
Bis es so weit ist, beginnt der Tag einer Frau aber mit der schwierigsten Entscheidung:
Was ziehe ich heute an?
Diese Frage ist für Frauen unter erschwerten Bedingungen zu lösen und wird von Männern nur kopfschüttelnd und mitleidig als Stammtischthema gewählt, um im Laufe des Abends wenigstens in einer Sache derselben Meinung zu sein.
Zur Verdeutlichung der Dramatik müssen Sie sich die Rahmenbedingungen vor Augen führen: Die viel gerühmte Auswahl steht gar nicht zur Verfügung, auch wenn sich der Kasten als vollgeräumt erweist. Denn für die jeweilige Saison und den bestimmten Anlass sind garantiert keine Kleidungsstücke darin zu finden.
Zweitens verändern sich die Größen der im Kasten befindlichen Kleidungsstücke permanent. Offenbar durch das eigenwillige Klima im Schrank und leider immer nur in eine Richtung: enger und kleiner.
Diese Problemlage konnte ich schon in jungen Jahren meiner Kindergarten- und Schulzeit erkennen, weshalb also durchaus von einer angeborenen Schwäche gesprochen werden kann.
Ist der Prozess zur Entscheidungsfindung doch erfolgreich abgeschlossen, hetze ich etwas verspätet die Stiegen hinunter und stehe voller Tatendrang vor dem Haus.

Eingeübt wie bei Robert Lembke anno dazumal („Welches Schweinderl hätten S' denn gern?... eine typische Handbewegung bitte…") beuge ich mich über das Fahrrad, um das Schloss zu öffnen. Schon keimen erste Zweifel an der Fahrradtauglichkeit des gewählten Outfits.

Hat man die helle, sportliche Hose genommen, ist das neonfarbene Signalband zur geordneten Verengung des rechten Hosenbeins sicher in der anderen Handtasche, dann darf man getrost mit schwarzen Ölflecken rechnen. Ging die Entscheidung jedoch zugunsten eines eng geschnittenen Kleides oder eines luftigen, geblümten Rockes aus, gibt es wiederum zwei mögliche Szenarien auf dem Weg ins Büro: Der morgendlichen Freude, in das gute körperbetonte Stück hineingekommen zu sein, weicht die bittere Erkenntnis, damit den Fahrradsattel kaum erklimmen zu können. Die luftige Kleiderwahl wiederum benötigt einige Akrobatik bis hin zur einhändigen Bedienung von Lenker und Schaltgetriebe, damit der weit ausladende Stoff selbst bei alltagstauglichem Tempo anderen Verkehrsteilnehmern nicht allzu neue Einblicke in die Strumpf- und Unterwäschemode dieser Saison gibt.

In diesen Situationen denke ich lächelnd an die Fahrräder meiner Jugendtage, die am hinteren Kotflügel kleine, gestanzte Löcher hatten, in denen man den „Kittelschoner" befestigte. Das waren dünne Gummibänder, die, in einem Halbkreis angeordnet, verhindern sollten, dass der wehende Rock in die Speichen geriet. Die mangelnde Witterungsfestigkeit dieser Konstruktion trug es mit sich, dieses Teil halbjährlich zu erneuern und die kleinen Widerhaken in die immer rostiger werdenden Löcher eines verbogenen Kotblechs zu bringen.

In den letzten Jahren war ich nahe daran zu glauben, die Herausforderung Hose oder Kleid mit dem durchaus modisch gekennzeichneten Paarlauf von Hose mit Kleid darüber zu lösen. Aber auch diese Kombination kennt ihre Tücken. Bei allem Respekt vor modischen Trends werde ich das Tragen stilloser Leggings auch weiterhin auf die eigenen vier Wände beschränken. Bleiben als Variante eng anliegende Hosen, die man wiederum nur mit Müh und Not zu bekommt, indem man in liegender Weise und unter schlangenartigen Windungen am Wohnzimmerteppich die herausragenden Problemzonen des Hüftbereichs überwindet. Dann soll man noch ein zweites Kleidungsstück darüber anziehen? Spätestens jetzt ist die zu Ende geglaubte Winterdepression schlagartig als schauriges Frühlingserwachen zurück.

In diesem Moment kommt mir wieder einmal der Gedanke, dass die Menschheit trotz allen Fortschritts keineswegs in der Lage ist, dauerhaft Alltagsprobleme zu lösen. Vergleichbar dem Phänomen eines Schnupfens, der im Zuge medizinischer Forschung mittlerweile je nach Medikamentenzufuhr sieben Tage oder eine Woche dauern kann, stellt sich mein schlichtes Gemüt die Frage: Warum löst das niemand?

Die Fahrradindustrie liefert zwar Innovationen aller Art in den Bereichen Werkstofftechnik, Antriebsvariationen oder Stoßdämpfern. Dennoch fehlt eine Antwort auf die drängende Frage, wie eine Frau modisch korrekt auf dem Fahrrad ins Büro, zu einem Termin oder zu einer Verabredung kommt.

Warum hat sich um Gottes Willen noch niemand damit beschäftigt, dass Schi- oder Motorradhelme so cool und formschön gestylt sind und Radhelme so unglaublich hässlich?

Entschuldigung, aber ganz unabhängig davon, welch edler Körper und weiser Kopf daruntersteckt: Sehen wir mit Radhelmen nicht alle ein wenig wie Idioten aus?

Zurück zum Dresscode einer durchschnittlich engagierten Büroradlerin. Natürlich weiß ich, dass das Radfahren nicht wirklich schuld ist am Modedilemma. Aber es verschärft die Probleme. Mit und ohne Pedaltritt verfolgen mich die Gedanken eines unzureichend ausgestatteten Kleiderschrankes auch in den Monaten der Radabstinenz. Das Bild einer daunengeschüttelten flotten Winterjacke mit sportlichem Gürtel in der Auslage verzerrt sich vor meinem eigenen Spiegel recht schnell zum Michelin-Männchen als Beweis der lustbetonten Vanillekipferl-Attacken.

Und dennoch ist Radfahren befreiend. Diese düsteren Gedanken der fehlgeleiteten Entscheidung des gewählten Outfits und der modischen Accessoiresauswahl verschwinden nämlich bei der ersten Ausfahrt, wenn

die frische Zugluft das Gefühl von Bewegung in freier Natur vermittelt. Man gestaltet den Weg ins Büro als schlenderndes und beschauliches Szenario, das es zulässt, Menschen auf der Straße nicht nur zu erkennen, sondern sie auch freundlich winkend zu grüßen. Man fühlt sich ein bisschen als Umweltschützerin, CO_2-Vermeiderin und tut der eigenen Gesundheit etwas Gutes. Man ist meist schneller und kann den Insassen in den Blechkarossen auch so manches Schnippchen schlagen. Und wenn es nur eine klitzekleine Abkürzung ist, man fühlt sich überlegen.
Meine persönliche Bürostrecke ist Beispiel dafür. Nach einem kurzen Stück des triumphierenden Vorbeiradelns auf der Busspur lasse ich die Autoschlange hinter mir und tauche in die 30er-Zone ein. Spätestens in diesem Revier beginnt die erste wohltuende Aufwachphase. Beim Einbiegen in dieses sonderbare Stadtgebiet von Tempo 30 kreisen die Gedanken oft um die Person Erich Edegger, diesen wagemutigen Abenteurer, der bereits in den 80er-Jahren des vorigen Jahrhunderts dem aufstrebenden Automobil die Zunge zeigte und sich der Kultur des Fahrrads im Alltag widmete. Ich glaube nicht, dass Erich Edegger sich viele Gedanken über sein modisches Outfit auf dem Fahrrad gemacht hat. Nicht nur, weil er ein Mann war, vielleicht auch, weil er den Blick für das Wesentliche hatte.
Grazerinnen und Grazer fast aller Altersgruppen, sozialer Schichten und ideologischer Flanken betrach-

teten kopfschüttelnd den radelnden Erich, der sich noch erdreistete, mit den 30er-Zonen neumodernen verkehrspolitischen Aktionismus nach Graz zu holen. Er ersparte uns übrigens damit mehrere Schilling- und auch Euromillionen für den Radwegeausbau und vergrößerte das Radverkehrsnetz der Stadt quasi über Nacht um hunderte Kilometer.

So gehen auch Teile meiner Hausstrecke durch das Herz-Jesu-Viertel auf Edeggers Konzept zurück. Wie viel intensiver erlebt man auf dem Fahrrad den Eindruck eines Unterrichtsbeginns, wo sich hunderte Kinder wie kleine Ameisen plappernd und gestikulierend durch das Schultor drängen. Wie gut kann man die Gerüche und Farben eines Kaiser-Josef-Platzes wahrnehmen, der gerade frühmorgens mit kaffeetrinkenden Allesverstehern und kompetenten Einkaufsexperten seine reizvollste Zeit erlebt.

Vorbei an den ehrwürdigen Mauern der Oper, die noch den Atem der letzten Abendvorstellung in sich trägt, den hektischen Umsteigerummel auf dem Jakominiplatz links liegen lassend, biegt man in die Schmiedgasse, den Brennpunkt und die Herausforderung innerstädtischen kombinierten Rad- und Fußgängerverkehrs. Wann immer ich gemächlichen Tritts diese Gasse entlangfahre, wundere ich mich über die garantierten Debatten um Meter und Sekunden. Eine geschätzte Breite von neun Metern sollte ausreichen, um ein vernünftiges Fortkommen von RadfahrerInnen und FußgängerInnen zu arrangieren. Stattdessen

bietet sich meist eine Gemengelage aus mehr oder weniger rücksichtsvollen VerkehrsteilnehmerInnen, Vorurteilen und fest einzementierten Standpunkten. Ziel erreicht!
Als eine, die den Begriff „Morgenmuffel" nicht nur versteht, sondern auch authentisch leben kann, ist diese kurze Strecke des städtischen Aufwachens immer wieder Anlass, meinen Kolleginnen im Büro frischer und fröhlicher entgegentreten zu können. Ich komme sozusagen schon mit Betriebstemperatur in die heiligen Hallen und höre gespannt die launigen Debatten über Stauzeiten und Ampelschaltungen, um mich zufrieden in den Kreis meiner Kolleginnen einzureihen, die, Bestätigung suchend, erklären: „Ich wusste heute nicht, was ich anziehen sollte …"

Gunther Hasewend
City-Cruisen mit dem Dreirad – Mein Nahverkehrsmittel ohne Führerschein

Die Geschichte meines Dreirades beginnt in Nordgriechenland: Aus den Freundschaften mit den TU-Zeichensaal-Kollegen der 60er-Jahre haben sich viele Urlaube ergeben. Ohne Hotel, aber mitten im Leben der Dörfer und Städte, am Meer und in den Bergen.

In den Kleinstädten sind mir zwar wenige, aber umso ungewöhnlichere Dreiräder mit Drahtkörben zwischen den Hinterrädern aufgefallen: Benutzer waren zumeist Hausfrauen mit ihrem Einkaufsgut, oft tratschend nebeneinander fahrend oder auf Zuruf einer Freundin gepäcklos in ein Kafedaki an der Straße einkehrend. In Summe eine sehr gemütliche Erscheinung.

Nachdem ich davon in meiner nächsten Umgebung in der Landesbaudirektion erzählt und wahrscheinlich geschwärmt hatte, stand am Faschingdienstag des Jahres 1995 ein solches Dreirad mit Drahtkorb, ganz in rot, auf meinem Schreibtisch in der Landhausgasse 7. Dieses Gebraucht-Exemplar hatte mein lieber, inzwischen leider verstorbener Freund Wiesler Fritz*

---
* Nach südsteirischem Sprachgebrauch setze ich den Vornamen immer nach dem Nachnamen.

mit Unterstützung meines Umgebungs-Chefs Gollner Manfred aufgetrieben – beide ungefähr mit dem Kommentar, dies sei das einzig richtige Fahrzeug für einen Landesbaudirektor ohne Führerschein. Auf diesen hatte ich nämlich immer aus der südsteirischen Überzeugung heraus verzichtet, dass Geld für einen Weinkeller wichtiger ist als für ein Auto.

Für dieses erste rote Dreirad habe ich in meiner vertrauensseligen Grundeinstellung, dass damit ohnehin niemand fahren bzw. auffallen will, kein Absperrschloss verwendet. Nach zwei Jahren wurde es mir gestohlen.

Im August 2002, zu meinem Sechziger, haben alle meine technischen Hofrats-Freunde wieder unter Anleitung des Gollner Manfred einen zweiten Anlauf gestartet: Unter der Bedingung, dass ich Sperrschloss und Versicherungs-Polizze vorwies, wurde mir mein jetziges elegantes „schwarzes Dreirad samt Plastik-Korb" vom Büro auf die Landhausgasse gestellt.

Ganz neu, deutsche Marke Kynast, von der K&Ö-Rad-Abteilung beschafft und bis heute von Pichler Horst bestens gewartet. Ohne ihn hätte ich keine Chance, so unbekümmert durch die Stadt zu fahren: Er sorgt (sich) um das komplizierte Innenleben der Gänge und Übersetzungen meines Dreirads engagiert und professionell. Deshalb hat er von mir den Vulgo-Namen „Dr. Pichler", auf südsteirisch „Pichla-Dokta", bekommen.

Und nun zu den Vorteilen meines besonderen Gefährts:

1. hat man ein gehobenes Sicherheitsgefühl im Verkehrsgeschehen – sowohl gegenüber dem Auto als auch gegenüber dem Fußgänger. Beim Auto spüre ich mehr Beachtung im Verkehrsgeschehen – ähnlich wie gegenüber einem Behinderten-Fahrzeug.
Am Dreirad ist weniger Geschwindigkeit möglich – daher schnellere Reaktion mit kleineren Radien gegenüber dem Fußgänger, ohne sich am Boden abstützen zu müssen. Ganz zu schweigen vom kommoden Warten vor den Ampeln, mit verschränkten Armen und ohne Bodenkontakt oder vom stressfreien Mobil-Gespräch zwischen zwei Allee-Bäumen stehend. Und wenn ich, wie im heurigen Winter, in Kälte mit leichtem Schneetreiben auf glatten Fahrbahnen unterwegs bin, dann habe ich das sicherste Fahrrad unter mir.

2. sind die gehobeneren Transportmöglichkeiten anzuführen, natürlich begünstigt durch meinen zentralen Wohnstandort am Kaiser-Josef-Platz – ohne Auto, nur mit Dreirad!
Wenn ich samstagvormittags mit Freunden bei einem lustigen Standler auf meinem Kaiser-Josef-Dorfplatz stehe und meine Frau Tülin ruft mich vor dem Kassa-Anstellen vom Hofer am Lendplatz oder vom Spar bei K&Ö oder vom Billa am Jakominiplatz an, dann braucht sie nichts Eingekauftes zu tragen: Ich bin schnell dort und mein Plastik-Korb übernimmt einen ganzen Wochen-Einkauf!
Der Personentransport ist mit dem Plastik-Korb

zwar offiziell verboten, aber an einem schönen Sommerabend habe ich meine Frau nach einem Konzert vom Minoritensaal in nur elf Minuten bis auf unseren Dorfplatz vis-à-vis der Oper mitgenommen. Dabei hat sie verkehrt im Plastik-Korb sitzend und rundum winkend sogar die Polizei zum Lachen gebracht.

Wie gesagt, die Gaude ist die Ausnahme, und nachdem ich bekennender La Strada-Fan bin, habe ich dort mit meinem Dreirad auch schon ausgeholfen – der Saxophon-Clown einer excellenten Straßen-Band hat den Vorteil des Verkehrtsitzens in meinem Plastik-Korb schnell erkannt und wir sind zur allgemeinen Freude langsam durch die Herrengasse und ihre Seitengassen gekreist.

Und wie wird das Dreirad vom Publikum aufgenommen?

Von den Kleinen: „Mama, schau, cool!" Was würden sie sagen, wenn ich meinen kleinen weißen Westi-Hund „Raki", benannt nach dem türkischen Edelbrand, mit schwarzer Schnauze und ebensolchen Augen in den schwarzen Plastik-Korb setze?

Von den Alten: „Fährt man leicht damit?" Probefahrten nur auf Parkplätzen ohne Autos! Meine anschließende Erklärung: Es handelt sich um ein geheimes Trainings-Gerät für ältere Marathonläufer.

Am meisten werde ich von Teilnehmern aus Stadtführungs-Gruppen angesprochen: „Wo und wie kriegt man das?", „Wieviele Kilometer schaffen Sie damit am Tag?" Ich verrate nicht, dass ich damit auch

schon auf dem Sulmtal-Radweg zwischen der Weinbauschule Silberberg und der Auffahrt nach Kitzeck unterwegs war.
Nochmals zur Transportkapazität meines Dreirads: Wie es der Zufall will – oder hat das auch der Gollner Manfred ausgemessen? – passen genau drei südsteirische Weinschachteln (18 Flaschen!) schmalseitig schräg aufgestellt in meinen Plastik-Korb – dann geht kein Zeigefinger mehr dazwischen.
Das passt genau zu meiner ÖBB-Rückfahrts-Kapazität aus der alten Heimat Südsteiermark (Spielfeld 22.10 h – Ehrenhausen 22.14 h – Leibnitz 22.22 h) mit der neuen S-Bahn: Ich trage nämlich nur zwei Schachteln – die beiden Grundnahrungsmittel Welsch und Zweigelt – und den dritten Platz bekommt das Jausensackerl, zumeist mit einer Kernölflasche.

3. komme ich damit zur wichtigsten Zusatzfunktion meines Dreirades: Zubringer zur neuen „ESSS-Bahn"! Durch meine nachberuflichen und privaten Baustellen nutze ich dieses System zwischen Leoben/Eisenerz – Leibnitz – Thalerhof – Wies und Wien sehr intensiv.
Rechnerischer Exkurs: Kostenmäßiger Zubringer-Vergleich Kaiser-Josef-Platz zum Hauptbahnhof bei ungefähr gleichem Zeitaufwand von 15 bis 20 Minuten und gleichem Gepäck: Taxi zweimal € 10,00, Tramway zweimal € 1,80, Dreirad (Glacis, Lendplatz, Keplerstraße) zweimal € 0,00.
Wobei ich mich schon heute auf den in fünf Jahren

verdoppelten Rad-Parkplatz vor dem Hauptbahnhof, überdacht mit Photovoltaik-Dächern, sehr freue!

Erklärung zur Übertreibung „Neue ESSS-Bahn": dies steht für „Erweitertes Straßenbahn-System Steiermark", weil damit zur Schnelligkeit neben den überregionalen Zugverbindungen auch die zumindest stündlich gesicherte Fahrmöglichkeit im Zentralraum Steiermark zum Ausdruck gebracht werden soll. Nach einem Monat durchschnittlicher Nutzung weiß man die Fahrpläne, wie bei seiner Straßenbahn, auswendig.

Zurück zum Dreirad in Graz: Mit seinen aufgezeigten Vorteilen nutze ich es natürlich nicht nur für periodisches Kreisen in der Innenstadt, sondern auch für sinnvolle Ausfahrten in die Peripherie. Beispiel: Halbtägiger Preisvergleich für Büro-Stellagen zwischen Hali-Möbel in der Wiener Straße und Petermax am südlichen Ende der Münzgrabenstraße. Oder: Vom Empfang im Schloss Eggenberg am Vormittag zur Sechziger-Feier eines Freundes zu Mittag in der Landwirtschaftlichen Fachschule Haidegg am Ende des Ragnitztales im Osten der Stadt.

Und der Zusatznutzen bei diesen Fahrten durch Graz? Unter Einhaltung der Verkehrsregeln habe ich auf diesem Aussichts-Rad sicher viele Möglichkeiten, die Schönheiten unserer Stadt intensiver als andere aufzunehmen, die schönen Fassaden der Häuser im Herz-Jesu-Viertel, die neue Architektur im Westen oder in der Schubertstraße oder den schönen Schlossberg-Anblick vom Radweg an der Mur oder andere interessante Situationen den Stadtpark und den Ring-Radweg entlang.

Wenn ich dann zurückkehre auf meinen „international gastfreundlichsten Dorfplatz", benannt nach dem Kaiser Josef, mit seinen genau nord-süd ausgerichteten Geschäftslokalen in europäischer Mischung von Finnland über Belgien und Italien bis zur Türkei und in einem gastfreundlichen Standl, Tschecherl oder Vinothekerl Platz nehme, dann kann vielleicht ein kleiner Nachteil meines Dreirads zum Vorschein kommen:

Wenn es wo steht, weiß jede oder jeder, wo ich bin!

Aber trotzdem bleibe ich bei meiner durchgehenden Behauptung: Mein Dreirad ist das gemütlichste Fahrzeug, das es auf dieser Welt gibt.

Die Romantischen

Günther Tischler
Das Fahrrad als Metapher für eine andere Verkehrspolitik

1978: Es war die Zeit nach meinem ersten Berlin-Intermezzo, und begeistert von der verkehrspolitischen Arbeit der BI Westtangente versuchten wir im Arbeitskreis „Energie & Verkehr", initiiert von Peter Pritz (sicher noch vielen in guter Erinnerung als sehr engagierter Leiter des Afro-Asiatischen Institutes und Mitbegründer der Alternativen Liste Graz), uns in die aktuellen Verkehrsprojekte der Stadtplanung einzumischen. „Wir", das war ein bunt zusammengewürfelter Haufen von Raum- und Verkehrsplanern, Studenten, Angestellten und Stadtflaneuren; in der Kerngruppe August Gogg von der Erklärung von Graz, Franz Holzer von der TU, Norbert Kotzurek, Ziviltechniker, die IFU-Partie (= Institut für Umweltforschung, später aufgegangen im Joanneum Research, mit Tischler, Weißmann, Hagenauer) und die Kolbes (Studentenehepaar). Ich habe sicher wieder jemanden vergessen ...
Die Hauptakteure im Amt: Planungsstadtrat Erich Edegger und sein Pendant, Verkehrsstadtrat Klaus Turek sowie autofahrende Experten (Stichwort „Planung aus der Windschutzscheibenperspektive"), im Kielwasser von Edegger sein Verkehrsplaner Gerd Sammer – und wir zwischendrin. Heiß diskutiert wurden Lösungen für eine autogerechte Stadt, die nichts (oder

fast nichts) kosten sollten wie z. B. der Innenstadtring oder auch unfinanzierbare Projekte wie die Unterflurtrasse Ostgürtel.
Und dazu unsere Idee mit dem Fahrrad: Es hätte auch ein Tretroller oder sonst so ein „Gerät" sein können – Skater oder Rollerblades gab's damals noch nicht. Aber das Fahrrad war haarscharf das Richtige: Metapher schlechthin für eine andere Verkehrspolitik. Dass dieses Ding so gut als „Kommunikationsmittel" ankommen würde, hat uns sehr überrascht: Also gut, machen wir's mit dem Radl, in ein paar Jahren ist der Hype eh vorbei …

„Immer nur Autofahren – nein danke!"
Anfang Juni 1979 die große Fahrraddemo: Wir organisierten eine Radsternfahrt als ein buntes Spektakel mit TeilnehmerInnen aus allen Stadtteilen, einer mit Rädern randvollen Herrengasse, einem „Radhaus" – Peter Pritz hängte sein Radl vom Balkon – und großem Fest im Stadtpark. Edegger war damals ziemlich sauer, weil wir ihn nicht aufs Podium gelassen haben. Motiviert vom großen Erfolg, wurden viele Aktionen gestartet. Anti-AKW-Pickerl wurden modifiziert („Immer nur Autofahren – nein danke!"), Sticker nach Entwürfen von Gerald Brettschuh und Walter Titz gebastelt. Wir nannten uns jetzt AVG – „Alternative Verkehrspolitik Graz", bekamen sogar den „Landesenergiepreis", protestierten in der Straßenbahn („Nur Fliegen ist teurer"), räumten den Landhaushof aus etc.

Unterwegs zu diesen Aktionen – und im Alltag – waren wir mit Puch-Radln (ich bin damals sehr stolz auf mein Puch Clubman Mixed gewesen) oder Junior-Rostlauben (Kotzureks Argument „Dös wird ma sicher net g'stohlen"). Nur Franz Holzer war ein „Edelradler": Er fuhr ein englisches „Raleigh"! Das ihm aber eh bald einmal gestohlen wurde.

Aber auch Edegger fuhr Rad, war fleißig und hatte kurz darauf mit Gerd Sammer den Entwurf eines Radwegekonzeptes fertig. Wir schlugen in einer Stellungnahme ein „Sofortmaßnahmenprogramm" vor.

Aber als 1980 das „Grazer Radwegekonzept" noch immer nur Papier war, riefen wir im Juni wieder zu einer Fahrraddemo, zum „Radschlag '80" auf: Hauptforderung war die rasche Herstellung eines Basisnetzes entsprechend Edeggers Radwegekonzeptes sowie die Öffnung einiger Einbahnstraßen für den Radverkehr. Quasi als Best-Practice-Beispiel für unbürokratischen Radwegebau wurde in einer Nacht- und Nebelaktion im Stadtpark eine Radwegverbindung aufgepinselt und tags darauf während der Fahrradsternfahrt feierlich eröffnet. Der Rest der Geschichte ist bekannt: Anzeigen wegen Sachbeschädigung und Amtsanmaßung (aber diesmal ohne große Presse) und Vorladung in die Polizeidirektion. Erich Edegger, der schlaue Fuchs mit guten Beziehungen zur Grazer Polizei, vermittelte bzw. bot uns einen Deal an: Die Stadt zieht die Anzeigen zurück, wenn wir dem Straßen- und Brückenbauamt die aus Waschmaschinenkartons gebastelten Markierungsschablonen überlassen.

Und dann ein politischer „Geniestreich" von Edegger: Er band uns in die „Arbeitsgruppe Radwege", bestehend aus Vertretern der Straßenbauabteilung, Polizei, Wirtschaftskammer und dem Planungsbüro Sammer mit ein. Wir sind uns dabei sehr wichtig vorgekommen, waren schwer beschäftigt und quasi „ruhiggestellt".

In dieser AG sind Welten aufeinandergetroffen – Ordnungshüter, Technokraten, Planer und Lobbyisten auf der einen Seite und wir „Chaoten" auf der anderen. Herausgekommen ist eine durchaus konstruktive Arbeit und eine gewisse gegenseitige Wertschätzung – und später sehr angenehme Erinnerungen. Erich Edegger misstraute seinen Planern bzw. dem Straßenbauamt (Tenor: „Dös hamma no nie so g'macht, dös geht net"), ging bei strittigen Bauprojekten manchmal in der Nacht heimlich nachmessen, und siehe da, es ging sich dann doch aus …

Velocity

Graz, auf dem Bahnhof, kurz vor der Abfahrt des Zuges mit Kurswagen nach Hamburg: Wir sind auf dem Weg nach Bremen zum großen Fahrradkongress. Viele Leute auf dem Perron. Ein Mann verabschiedet sich sehr einfühlsam von seiner Frau. Ist das nicht unser Planungsstadtrat? Auf der Velocity Conference treffen wir ihn wieder, als Referent in Workshops und in Diskussionsrunden. Nachher kommen wir in einem Weinkeller (in Bremen!) zusammen und es entsteht – weit weg vom politischen Geschäft in

Graz – eine persönliche Freundschaft, eine gute Vertrauensbasis. 1981 beschloss der Gemeinderat endlich das Radwegekonzept. Die jährlichen Ausbaukosten für das Grundnetz, ca. 1,2 Mio. Euro, sollten aus der Parkraumbewirtschaftung kommen.

Bald darauf arbeiteten wir am Aufbau der Alternativen Liste. Nach dem Einzug als Gemeinderat der ALG ins Stadtparlament wurde das Verhältnis zu Edegger ernster, professioneller. Die Unbekümmertheit und Unverbindlichkeit der früheren Zusammenarbeit wich der Realität einer gewissen politischen Konkurrenzsituation.

Aber wir brauchten uns weiter gegenseitig: Bei Sitzungsunterbrechungen im Gemeinderat wurden Insiderinformationen ausgetauscht, gemeinsame Strategien besprochen. Und meistens war es Edegger, der auf uns zugekommen ist, mit einem „Bitte macht's wieder was, ich brauch eure Unterstützung, sonst fahrt der Wirtschaftsbund wieder über uns drüber ...". Das war dann die „Achse Edegger–Tischler", weniger offensichtlich im Gemeinderat und kaum offiziell in seinem Büro, aber immer zwischendurch auf dem Rathausgang, in Sitzungspausen ...

Edeggers historischer Verdienst

In dieser für uns „wilden Zeit" ist es dem Team Edegger/Sammer mit Unterstützung des Münchner Soziologen Werner Brög gelungen, die Verkehrspolitik in Graz beispielgebend für Österreich auf neue Beine zu stellen. Dieser Paradigmenwechsel vom Leitbild

„autogerechte Stadt" zum Leitbild „menschengerechte Stadt" ist ihm großartig gelungen, ist sein historischer Verdienst und findet sich im „GIVE" (Konzept für Grazer Integrierte Verkehrsentwicklung) wieder. Dieses GIVE ist auch heute noch das gültige Strategiepapier für die Grazer Verkehrspolitik.

Die alte, aber auch die inzwischen nachgewachsene Verkehrsplanergeneration blickt oft mit wehmütigen Augen zurück in die „Edegger-Zeit", wo innerhalb weniger Jahre eine neue Verkehrspolitik mit Radwegenetz, Einführung von flächendeckend Tempo 30, verkehrspolitischen Leitlinien, Konzept „Platz für Menschen" möglich war. Von dieser Dynamik konnten wir in den vergangenen beiden Jahrzehnten nur noch träumen.

Ich muss zugeben, dass mich in der Folge andere Themen stärker beschäftigten als die Grazer Verkehrspolitik: Das Thema Wasserverschmutzung (Mur) und Grundwasserverunreinigung in Liebenau und Puntigam zum Beispiel. Während meines zweiten Berlinaufenthaltes – ich hatte das Glück, an der TU als Assistent zu arbeiten – hab ich von Freunden erfahren, dass Erich Edegger ganz überraschend gestorben ist. Auch wenn er uns manchmal mit seiner „Zuckerbäcker-Genauigkeit" ganz schön auf die Nerven gegangen ist, der Herr Stadtrat, so denke ich heute noch oft an seine ehrliche und bescheidene und für Politiker eher untypische Art. Und er hat schließlich mit seinen couragierten Entscheidungen die Weichen gestellt für ein Graz mit Lebensqualität.

Seither betrachte ich die Grazer Radverkehrspolitik eher nur noch aus der Distanz, melde mich hin und wieder, wenn irgendwelche Blödsinnigkeiten in meiner Umgebung passieren oder ich zu einer Diskussion eingeladen werde, wo ich dann wieder aus der „guten alten Zeit" erzähle. Ja, damals, da waren einzelne Personen, ihre Positionierung innerhalb ihres Umfeldes und ihre Konstellation zu- und untereinander der Nährboden für Entwicklungen, die man dem oft als „Pensionopolis" verschrienen Graz gar nicht zugetraut hätte.

Ansonsten bin ich natürlich auch beruflich – ich betreibe ein Ingenieurbüro – mit Verkehrskonzepten und Umweltplanungen befasst und persönlich „intermodal" mit verschiedenen Verkehrsmitteln unterwegs. Die Arbeit an der „Basis" haben andere übernommen: Sie haben es im Widerstreit der inzwischen noch akzentuierter auftretenden Interessen, unter dem Druck verschärfter ökonomischer Interessen und unter der Vorgabe immer engerer Platz- und Geldressourcen in der Stadt sicherlich nicht leicht. Das gilt für die Politik und Verwaltung gleichermaßen wie für die AktivbürgerInnen und NGOs und soll quasi im Nachsatz klarstellen, dass das Lob des Vergangenen nicht die Bemühungen des Heute schmälern soll. Mit dem zweiten Nachsatz, dass Verbesserungspotenzial, auch im Sinne von Mut zu unpopulären Maßnahmen (z. B. Enteignungsverfahren, wenn 's wirklich nicht anders geht), allemal in ausreichendem Maße gegeben ist.

Monika Savas
Seit drei Monaten trocken

Was bewegt eine 46-jährige Frau, Mutter von drei Kindern, Hundebesitzerin und Eigentümerin eines Mini-Vans dazu, im Jahre 2008 vom Auto aufs Fahrrad umzusteigen?

Bei mir war der Anlass ein schlichtes kleines Buch mit dem Titel „Ohne Auto", das mir von einem Wiener Bekannten ans Herz gelegt wurde: Eine Burgenländerin beschreibt darin ihren Versuch, ein Jahr lang ganz bewusst auf ihr Kraftfahrzeug zu verzichten und alle Wege mit dem Fahrrad zu erledigen.* Zugegeben, ich hatte eine Prädisposition aus jungen Erwachsenenjahren, als ich einige Radreisen gemacht hatte. Aber das Fahrrad als Verkehrsmittel? Ich war vor der Lektüre skeptisch, so nach dem Motto „Die Frau ist sicher eine grüne Träumerin". Irgendwie war dann aber doch die Neugier da, es selbst auszuprobieren. Vielleicht wollte ich mir auch selbst das Gegenteil beweisen – nämlich, dass es nicht funktionieren kann.

Oktober 2008, Montagmorgen, Garage auf. Rad rausschieben.

Was wohl der Nachbar denkt? Er wohnt direkt gegenüber in unserer Einfamilienhauslandschaft im Süden des Grazer Bezirks Liebenau und hat mich bisher fast täglich (wie ich heute zu meiner Schande gestehen

---
* Dorothea Kocsis: „Ohne Auto", Planet-Verlag (Grüne Bildungswerkstatt), Wien 2007.

muss) mit meinem großen Auto ausfahren gesehen. Kann sie sich das Benzin nicht mehr leisten? Auto kaputt? Zuviel getrunken – Führerscheinentzug?

Egal. Zum Glück habe ich mir vor einem Jahr ein neues Trekking-Bike gekauft, sodass es zunächst einmal keine technischen Probleme gibt. Und meine Uralt-Packtaschen fanden sich auch noch im Keller – geben abgestaubt sogar noch was her.

Die ersten Aha-Erlebnisse hatte ich bald: Schon am vierten Tag meinte meine neunjährige Tochter: „Mama, du bist aber schon lange nicht mehr Auto gefahren!" Auf der Fahrt ins nächste Einkaufszentrum entlang einer vierspurigen Straße kann ich es fast nicht fassen, wie laut und stinkend mir die Autos plötzlich vorkommen. Ist eine Zumutung, denke ich mir am Rande pedalierend. Diese Straße benutze ich seit 14 Jahren regelmäßig, und erst jetzt tun mir die Leute leid, die diesen Lärm und Gestank tagtäglich aushalten müssen.

Im Auto ist es deutlich leiser und der Gestank dringt auch nicht zu einem durch, wenn man drinnen sitzt. Und entlang der vierspurigen Straße war ich auch nie zu Fuß mit meinen Kindern unterwegs.

Gleich in den ersten Tagen meines neuen Radlerlebens hatte ich ein komisches Ziehen in den Unterschenkeln. Mein erster Gedanke war: Oje, schon wieder Krampfadernprobleme! Bis mir die Erkenntnis kam, dass meine Unterschenkelmuskulatur das doch intensive Treten nicht gewohnt sein dürfte – Muskelkater! Nach zwei Wochen aber war dieser Spuk vorbei.

Meine Erledigungen in der rund sechs Kilometer entfernten City habe ich bisher mit dem Auto erledigt, aus Bequemlichkeit, eher selten habe ich Bus oder Bim benutzt. Dafür ging regelmäßig ein Vormittag/Nachmittag drauf. Anfahrt ins Zentrum, mehrere Kreise im Zentrum ziehen, bis ein freies Plätzchen fürs Auto gefunden war, zum Parkscheinautomaten, zurück zum Auto, die langen Wege zu den Geschäften/Ämtern gehen, im Hinterkopf immer der Druck eines ablaufenden Parkscheins. Und schließlich die Rennerei zurück zum Auto. Und die Schlepperei der Einkäufe.
Plötzlich alles anders – und freier.
Mein Bike bringt mich direkt vor die Tür meiner Ziele, und von dort direkt auf kürzestem Weg wieder nach Hause. Zeitersparnis enorm, nur noch halb soviel Aufwand. Erste kleine Begeisterungsgedanken.
Bin wieder mal auf dieser vierspurigen Straße unterwegs, auf dem Radweg, der parallel dazu verläuft. Keine Sichthindernisse. Bei Tempo 15 sehe ich, wie sich ein Auto ungefähr 100 Meter entfernt aus einer Firmenausfahrt in die Fahrbahn einreihen will. Ja, was ist das? Der Fahrer hält mitten auf MEINEM (deutlich rot markierten) Radweg, bin nur noch 50 Meter entfernt, direkter Konfrontationskurs. Aber nein, er blickt mich direkt an und wird wohl gleich zurücksetzen, um mir nicht die Vorfahrt zu nehmen. 20 Meter davor. Nicht zu glauben, er blickt mich nicht AN, sondern durch mich HINDURCH, nimmt nur die Autos wahr!
Stopp. Entgeistert blickt er mir nun direkt in die

Augen, da ich nur einen halben Meter vor der Fahrertüre zum Stehen gekommen bin.

Exkurs: Mit meinen Emotionen im „normalen" Leben war ich bis jetzt noch nie angeeckt, ich bin eine besonnene Frau. In den paar Monaten auf dem Fahrrad aber kamen (negative) Gefühle in mir hoch, die ich bislang in dieser Intensität bei mir nicht kannte.

Nämlich richtige Wutgefühle.

Über „Autler", die mir in diesen wenigen Monaten absichtlich und immer wieder den Vorrang nahmen, mich schnitten, Radwege verstellten und und und.

Eine damit zusammenhängende Erkenntnis machte ich gleich in den ersten Wochen meines „trockenen" Lebens: Finde dich damit ab, dass viele AutofahrerInnen unerschütterlich daran glauben, ihnen gehöre die Asphaltwelt. Da haben motor- und PS-lose Gefährte keine Rechte, oder, anders ausgedrückt, sie müssen sich ihnen unterordnen.

Vielleicht aus der unbewussten Überlegung heraus: Wer statt mit vier Rädern nur mit zwei fährt, der hat auch nur die halben Rechte. Die Motorradfahrer (die echten „Biker", deren „arme Verwandte" die RadlerInnen sind) können diesen Mangel mit atemberaubender Beschleunigung und maschinellen Kraftpaketen unter ihren Allerwertesten kompensieren.

Im Rückblick kann ich sagen, dass ich sicher einmal pro Woche in eine sehr gefährliche Situation geraten bin und gerate – und das schuldlos. Weshalb ich auch immer Ängste ausstehe, wenn meine Kinder (sechs und neun Jahre alt, der Große – 14 Jahre – verweigert sich meinen radlerischen Ambitionen) dabei sind – sie verlassen sich auf ihre Rechte, so wie sie es im Verkehrsunterricht in der Schule gelernt haben. Und das kann sehr schnell schlimm ausgehen.

Nach und nach lerne ich neben der mehr oder minder angenehmen Fortbewegung von A nach B viele mir unbekannte Stadtteile kennen, da ich öfter die (fast) autofreien Flächen benutze, die für uns Radfahrvolk geschaffen wurden: Radwege und Radfahrstreifen.

Apropos unbekannte Stadtteile: Als Nicht-Insider tut man sich schwer, mit Radkarte und sparsamer Beschilderung zurechtzukommen. Ich hatte – wie sich später herausstellte – das Pech, Opfer eines Alleingangs einer Grazer Umgebungsgemeinde zu werden, als ich versuchte, ein Einkaufszentrum im Süden anzusteuern. Der erste Versuch scheiterte, weil ich angenommen hatte, die in der Radkarte eingezeichneten Radrouten müssten sich auch in einer Wegweisung niederschlagen. Beim zweiten Versuch stieß ich dann auf gelb-orange (statt der üblichen grün-weißen) Schilder, die noch dazu nicht im rechten Winkel zur Fahrbahn, sondern parallel zum Radweg angebracht waren. Immerhin gelangte ich ans Ziel. Zurück zeigte sich jedoch, dass es sich offenbar um eine Rundkurs-Beschilderung (für touristische Zwecke?) handelte, denn selektive Suche nach Gelb-Orange führte mich in die Irre. Frustriert bin ich auf der Hauptstraße (not-)gelandet und fragte mich, wie sowas möglich ist. Da

Der Freak

ist wohl der Verantwortliche nie auf dem Rad gesessen, um sein Werk auch praktisch zu testen. Nachher erhielt ich von RadlerfreundInnen die Aufklärung: Blöder Alleingang der Gemeinde, sollte bald behoben sein. Wirklich ein Ausnahmefall?

Entgegen meinen Erwartungen hatte und habe ich keine Probleme, den Einkauf für unseren Vier-Personen-Haushalt mit dem Rad zu transportieren. Im Gegenteil, da der Platz beschränkt ist, lasse ich eigentlich Überflüssiges im Geschäft zurück. Und das bedeutet mehr Geld in der Tasche!

1000 km bin ich in drei Monaten geradelt. Wäre ich die mit dem Auto gefahren, wäre ich einiges Geld losgeworden. Aber das ist nur ein Aspekt, wenn auch kein unwesentlicher.

Summa summarum bin ich sehr froh, dass ich über das eingangs erwähnte Buch gestolpert bin. Das Radeln macht einfach viel Spaß, und der überwiegt bei Weitem die vereinzelt auftretenden Schwierigkeiten. Unser Auto steht fast nur noch traurig und fast überflüssig in der Garage (und blockiert viel Platz, den ich lieber für unsere Räder hätte). Geöffnet wird diese fast nur noch, um unseren Fahrrädern Ausgang zu gewähren.

Falls es mal gar nicht anders geht, setze ich mich nur noch sehr widerwillig ins Auto und freue mich schon darauf, den nächsten Weg per Fahrrad machen zu können.

Walter Müller
Semper et ubique

Manchmal denke ich: Die Metamorphose zum Radsein dürfte schon weit fortgeschritten sein. Womöglich habe ich schon einen Grad jenseits der 50 Prozent erreicht – wenn ich die Molekulartheorie des Dorfpolizisten Fortrell aus dem irischen Dorf Dalkey als Orientierung heranziehe. Sergeant Fortrell erläutert in Flann O'Briens Traktat „Der dritte Polizist" seine über Jahre bei unzähligen Patrouillengängen gewonnenen Erkenntnisse über die physische Beschaffenheit irischer Landbewohner. „Wenn Menschen", fabuliert der Sergeant, „*die meiste Zeit ihres natürlichen Lebens damit verbringen, die steinernen Feldwege mit eisernen Fahrrädern zu befahren*", dann führe das dazu, „*dass sich die Persönlichkeit der Menschen mit der Persönlichkeit ihrer Fahrräder vermischt.*" Dies sozusagen als Resultat des wechselseitigen Austausches von Atomen.

Die Atome des Radsattels verbinden sich mit den Atomen des Hinterns des Radlers. Je länger man also auf dem Rad sitzt, desto intensiver läuft der Austausch der Atome. Rad und Fahrer verschmelzen ineinander und wechseln die Identitäten. Man solle sich über die „*hohe Anzahl von Leuten in dieser Gegend nicht wundern, die halb Mensch und halb Fahrrad sind*", warnt Fortrell seine whiskeygeeichten Gesprächspartner.

Einen kenne er, Michael Gilhaney, der bereits *„in der Gefahr schwebt, ein Fahrrad zu sein"*. Ein Briefträger hierorts in Dalkey, schätzt Sergeant Fortrell, komme in etwa auf 72 Prozent Rad. Mit meinen 50 Prozent bin ich schon nahe dran.

Ob sich die Flann O'Brien'sche Molekulartheorie auch außerhalb seiner Romane verifizieren lässt, bedarf noch eingehender Studien, die an mir beobachteten Veränderungen lassen aber zumindest eine gewisse Plausibilität des Grundtheorems der „Rad-Mensch-Verschmelzung" erahnen. Ein deutliches Indiz: Ich bin ständig auf dem Rad. Semper et ubique. Frühling, Sommer, Herbst und ja: auch im Winter. Der Verschmelzungsgrad, der sich längst in leichten Entzugserscheinungen bei längerer Radabstinenz, die sich durch Urlaubs- oder Dienstreisen ergeben, ist bereits verdächtig weit fortgeschritten. Eine ernste Sache also.

Es geht ja in der Tat nicht ums Vergnügen, um sportliche und körperliche Ertüchtigung. Radfahren ist eine nüchterne transportpragmatische Angelegenheit. Es geht um die tägliche Aufgabe, möglichst schnell und bequem von A nach B zu gelangen. Jahreszeit hin oder her.

Eventuelle Fitnesskomponenten sind dabei nicht von vorneherein einkalkuliert, aber durchaus angenehme Begleiterscheinungen. Sie laufen sozusagen nebenbei mit. Wobei die Fitness bei der Radfahrbewegung ja ein Paradoxon darstellt: Man bewegt sich und kann dabei bequem sitzen bleiben. Bitte: welche Sportart hat das noch zu bieten? Gut: Rudern vielleicht, aber das wiederum ist verkehrstechnisch in der Stadt nur von beschränktem Nutzen.

Man ruht also entspannt im Sattel und bewegt seine Muskulatur. Dieser Mechanismus funktioniert immer, auch im Winter. Aber zu dieser Jahreszeit in Gang gesetzt, löst er nach wie vor verständnislose Reaktionen der Inhaber klimatisierter Transportmittel aus. Im Winter Rad zu fahren, ist in den Augen der Autofahrer so, als ob man im Sommer im Stadtpark Langlaufschi anschnallen würde. Beides firmiert unter der Kategorie „absurd". Wer immer also bei winterlichen Temperaturen per Rad auf Straßen unterwegs ist, muss mit Anteil nehmenden Blicken seiner Mitmenschen, die um das mentale Wohl besorgt sind, rechnen. Denn ganz dicht könne man ja wohl nicht sein, sich bei Minustemperaturen auf das Rad zu setzen.

Dem muss schlicht entgegengehalten werden: Weicheier, Stubenhocker, Fernwärmejunkies, Bodenheizungsfreaks! Es gibt, wie wir wissen, kein schlechtes Wetter, sondern nur schlechte Kleidung. Man geht im Winter ja auch spazieren, warum also nicht Rad fahren? Und an der Bim-Haltestelle friert einem sicher mehr ab als auf dem Radsattel. Und das sei den Stadtplanern und Finger-an-die-Stirn-Tippern auch mal gesagt: Wir fahren eben nicht aus Jux und Tollerei oder als Folge einer geistigen Störung. Sondern einfach, um wie immer schnell zur Arbeit, zum Einkaufen, ins Beisl, zu Freunden zu kommen.

Die Bewegung auf dem Rad – selbstverständlich nicht stundenlang – hält den Körper in Schwung und auch warm.

Aber da ist auch die Panikmache der Autolobbyisten, wonach Radfahren im Winter verantwortungslos sei und den städtischen Verkehr störe. Sie müssten höllisch aufpassen auf die Winterradler. Na und? Ist es eine Zumutung, auch andere Verkehrsteilnehmer (ja, Radfahrer sind auch Verkehrsteilnehmer!) zu dulden? Jeder Radler ist sich des Risikos bewusst und weiß in der Regel – wie Autofahrer – die Gefahren einzuschätzen.

Eigentlich dreht sich die heiße Debatte im Winter nur um den Schnee. Der Vorwurf: Wie gedankenlos Radler seien, bei Schneefall und im Matsch unsicher dahinzuzockeln. Aber wie oft liegt denn tatsächlich Schnee auf der Straße? So schnell kann der gar nicht vom Himmel fallen, sind schon die Salzstreuer unterwegs. Und wenn's wirklich einmal nicht geht, dann geht man ohnehin zu Fuß, fährt mit Tram, der U-Bahn oder – soll sein – einmal mit dem Auto.

Ansonsten weiß der Großteil der Radfahrer längst, wie man sich am besten durch den Winter manövriert. Es gibt optimal designte winterfeste Ausrüstung, jeder weiß, wie das Rad justiert werden muss, um sicher zu sein. Meines verfügt etwa über einen bei winterlichen Licht- und Witterungsverhältnissen unentbehrlichen Nabendynamo. Zugegeben: Gutes, sicheres Rad ist teuer. Aber da verblüfft es immer wieder, wie passionierte Autofahrer ein hochachtungsvolles Pfeifen mit diesem unterschwelligen „Wau-du-musst-es-ja-haben"-Ton anstimmen, wenn man bekennt, dass das Fahrrad gute 1.800 Euro gekostet habe. Erst die Gegenfrage, ob 1.800 Euro bei der Auswahl der Autositze oder sonstiger Ausstattungsextrawünsche des neuen Autos eine Rolle gespielt hätten, relativiert die Sache wieder.

Im Übrigen nutzt eh alles nix: Denn wer mit dem Fahrrad bereits eine gewisse atomare Verbundenheit eingegangen ist, es also zu einem Austausch zwischen Rad und Physis des Radlers gekommen ist, dem bleibt ohnehin keine Wahl mehr. Der muss raus, auch wenn es draußen stürmt und schneit. Das aber bringt zu guter Letzt auch noch einen gesundheitlichen Mehrwert. Die Verkühlungsrate sinkt durch die Abhärtung, durch das Ausgesetztsein schwankender Temperaturen, signifikant. Die gesundheitliche Stabilisierung wirkt natürlich auch auf die mentale Ebene.

Denn, wie uns Albert Einstein mitgegeben hat, ist das Leben ja dem Radfahren gleich. Man muss sich ständig vorwärts bewegen, wenn man das Gleichgewicht nicht verlieren will.

Der Getriebene

Hubert Sudi

Pendeln in der „fliegenden Banane" oder: Meine Vorliebe für supereffiziente Exoten

„Ist das nicht gefährlich?" „Nein! Sie dürfen es ruhig streicheln!" (Liegeradler Ulrich)
Erwischt hat es mich 1991. Da sah ich in einer Zeitung ein Liegerad (HPV = human powered vehicle). „So was brauche ich auch", war mir klar. Nach einigen Wochen Fetzenmarkt-Abklappern hatte ich die nötigen Teile beieinander. Noch einige Schweiß- und Schraubtage in der Werkstatt und mein erstes Liegerad stand auf der Straße.
Schon ein eigenartiges Gefühl, den anderen Verkehrsteilnehmern in der liegenden Position von Angesicht zu Angesicht zu begegnen! Jetzt nahm ich auch Kontakt zur internationalen Szene der Liegeradler auf. Ich wurde Mitglied beim FUTUREBIKE Club Schweiz. Es folgten Ausflüge zu verschiedenen Rennen und Treffen in Europa.
Bis 1993 veränderte ich noch einiges am Rad, z. B. die Federung vorne und hinten. Zum Schluss folgte eine Frontverkleidung (Streamer – aus einem Wäscheständer und Kunststofffolie) und ein Heckkoffer (aus Sperrholz) mit aerodynamischem Ende. Mit diesem Rad begann ich 1993 zu pendeln, 16 Kilometer von Dietersdorf nach Mureck. Ich fuhr immer schön de-

fensiv, ganz am Straßenrand und mit einem schlechten Gewissen, weil ich die Radwege nicht benutzte. Einmal fuhr mich, wegen meiner defensiven Am-Rand-Fahrweise ein Pkw um. Dieser Unfall endete zum Glück nur mit leichtem Sachschaden.

1993 kaufte ich mir mein erstes Liegerad: Ein Berkut 303 Dreirad mit Vorderradantrieb aus Moskau. Mit diesen beiden Rädern machten meine Frau und ich unsere erste Liegeradreise an den Plattensee/Ungarn. 1994 baute ich mir ein Flevobike, einen sogenannten Knicklenker, (Plan von Flevobike, NL).

Ab 1994 wechselte ich meinen Arbeitsplatz und pendelte nun von Dietersdorf nach Bad Radkersburg. Jetzt hatte ich 25 km einfache Strecke. Da ich nun doch um einiges weiter zu fahren hatte, suchte ich nach einer leichteren und aerodynamischeren Alternative zu meinem Eigenbau-Liegerad. Diese fand ich 1997 in Luzern. Dort holte ich mir das front- und heckverkleidete „Kingcycle" (UK) ab. Das war nun ein „Rennliegerad" mit Kofferraum und Wetterschutz (14 kg mit Verkleidung). Vergleichbar mit einem Rennrad – nur bequemer.

Im darauffolgenden Jahr besorgte ich mir noch die sogenannte „Rennsocke", eine Stoffverkleidung, die die Frontverkleidung mit der Heckverkleidung verbindet. Das heißt: Kopf draußen, Körper in der Verkleidung = Wind-, Regen- und Kälteschutz. Alles in Gelb. Bald hatte das Gefährt einen Namen: die „fliegende Banane". Inzwischen hatte sich meine Umgebung auch schon an

meine komischen Räder gewöhnt und es war nichts Besonderes mehr. Nur der Morgen- und Abendverkehr war eine Herausforderung. Wie schaffe ich es als „Radfahrer" wahr und ernst genommen zu werden?
Einerseits war das verkleidete Liegerad als „Exot" hilfreich – es wird bemerkt und führt zu positiven Reaktionen. Andererseits gibt's großes Unverständnis: „Dürfen Sie damit auf der Straße fahren?" Hupen und verzweifeltes Zeigen in Richtung Radweg. „Das ist ja gefährlich!" und vor allem: „Man kann Sie nicht sehen!" Das hab ich bei einem Rad mit 1,3 Meter Höhe, 80 Zentimeter Breite und 2 Meter Länge nie verstanden. Zusätzlich noch in auffallendem Gelb! Kann man nicht sehen?!?
Ein Motorradfahrer gab mir schließlich den entscheidenden Tipp. Als Zweiradfahrer muss man seinen Platz auf der Straße auch benutzen, „in Besitz nehmen". Die halbe Fahrbahn gehört mir! Also nicht ganz am Rand picken, Verkehr beobachten, bei Gegenverkehr etwas nach links und riskantes Überholen der Pkw wird vermindert. Seit ich diesen Rat beherzige, gibt es viel weniger brenzlige Überholmanöver.
Die Aussage von Verkehrsprofessor Hermann Knoflacher „Das Auto macht den Menschen zum Vierbeiner" kann ich nur bestätigen. Auch ich merke eine Veränderung, wenn ich im Auto sitze. Die wichtigste: keine Zeit. Dadurch ist jeder langsamere Verkehrsteilnehmer ein Hindernis. So sehe ich mein tägliches Radfahren auch als kleinen Beitrag zu einer Image-

Kampagne für langsamere, schwächere Verkehrsteilnehmer.

2002 machte ich einen entscheidenden Schritt in Richtung Alltagstauglichkeit. Ich kaufte mir ein gebrauchtes Velomobil, ein „Quest" aus den Niederlanden. Ein Dreirad mit Vollverkleidung, Kopf innen, voll gefedert, drei 20-Zoll-Räder, 35 kg Gewicht, optimierte Aerodynamik. (In der Ebene brauche ich für 40 km/h 158 Watt – mit dem Rennrad reicht das gerademal für 30,4 km/h.) Das war die völlige Wetterunabhängigkeit. Also wirklich Autoersatz. Nie mehr nachdenken müssen, welche Kleidung ich wählen soll, weil es regnen, stürmen oder schneien könnte.

Zwei Jahre lang renovierte ich das Rad und baute alles für meine Bedürfnisse um. Zuerst Anpassung an Pkw-Standards: Positionsleuchten, Abblend- und Fernlicht, Blinker, Bremslicht, Nebelschlussleuchte, Warnblinkanlage. (Im Original besitzt das Rad nur eine einfache Fahrradbeleuchtung.) Schließlich schnitt ich noch einen Kofferraumdeckel ins Heck, um praktischer an den Stauraum zu kommen.

Fazit nach 5 Jahren: Das optimale Gefährt für meine Zwecke. Zuladung und Wettertauglichkeit sind für den täglichen Weg zur Arbeit oder für einen Einkauf ausreichend.

Einzig eine weiche Schneefahrbahn ist ein Hindernis, das passiert aber maximal an fünf Tagen im Jahr.

Und die Rückmeldungen aus der Umgebung und von anderen Verkehrsteilnehmern? Leider unverändert. Die Einwände gegen das tägliche Radfahren im Alltagsverkehr haben sich noch immer nicht geändert: a) gefährlich „...er besteigt das Gestänge des Todes!" (Reinhard P. Gruber aus „Nie wieder Arbeit"), b) „Man kann dich nicht sehen.", c) „Behinderung des motorisierten Verkehrs".

Wobei „Behinderung" etwas Individuelles ist: Ich habe in den letzten 16 Jahren noch keinen Pkw länger als eine Minute behindert.

In den letzten 15 Jahren fuhr ich 120.000 Kilometer mit dem Rad. Wobei ich praktisch „nur" zur Arbeit fahre. Durch das tägliche Radfahren ist es für mich zur Routine geworden und keine „Anstrengung" oder „Überwindung", im Gegenteil – es ist Genuss und Luxus!

Auch die Wirtschaftlichkeit ist ein Faktor: Das „Quest" erspart mir einen eigenen Pkw.

In meinem Fall sind das 55 km/Tag = ca. 8000 km/Jahr x 0,42 Euro Kilometergeld = 3360 Euro Ersparnis gegenüber Pkw/Jahr. Ich brauche ca. 1 Stunde länger/Tag und habe dafür aber 1 ¾ Stunden Ausdauertraining.

Harald Rössler
Radlfoahrn „im Dienst" in einer Landgemeinde

„Wos, wer is des do mit dem Radl? Da Standesbeamte …" Aber dazu etwas später. Beginnen wir unsere Geschichte im Jahre 1995. Damals trat ein 25-jähriger, mittelmäßig sportlicher, aber dem Radfahren nicht abgeneigter junger Mann den Dienst als Amtsleiter der 2300-Einwohner-Gemeinde Maria Buch-Feistritz im Bezirk Judenburg an. Besagte Person war ich und mir fiel an meinem ersten Arbeitstag eine große Urkunde im Zimmer des Bürgermeisters auf mit der ehrenvollen Bezeichnung „Fahrradfreundliche Gemeinde 1993".
Also dachte ich mir, wenn schon „fahrradfreundlich", dann auch ich. Und so verwendete ich eigentlich ab diesem Zeitpunkt für alle Fahrten zur Bank, zur Post usw. das vorhandene Dienstrad – in rosa gehalten und aufgrund der Mitbenutzung durch meine Kolleginnen und Kollegen schon etwas lädiert.
Dieses „geschundene" Vehikel war im Einsatz bis …, ja bis es eines Tages, nachdem es die Nächte immer im Freien verbringen durfte, einen neuen – nicht rechtmäßigen Besitzer unbekannten Namens und Herkunft fand – GESTOHLEN.
Es hätte nunmehr die Möglichkeit gegeben, dem Bürgermeister und den Damen und Herren des Gemein-

derates unser Mitarbeiterleid zu klagen und um den Ankauf eines neuen Rades zu ersuchen. Dieses Ansuchen wäre sicherlich positiv behandelt worden – sind die Verantwortungsträger doch ständig bestrebt, den Radverkehr für die Bevölkerung, aber auch für die Touristen (R 2) auf- und auszubauen. Aber, so dachte ich mir, NEUES Rad – nach einiger Zeit vielleicht wieder NEUER (= nicht rechtmäßiger) Fahrer. Als ich so meine Überlegungen bzw. Befürchtungen den Mitarbeitern unseres Altstoffsammelzentrums klagte, versprachen diese mir, mein Problem zu lösen, wenn ich nur einige Tage Geduld hätte.

Und wirklich, siehe da, es wurde eine Lösung gefunden. Im Altstoffsammelzentrum wurden ZWEI alte sogenannte „Waffenräder" zur Entsorgung abgegeben und daraus entstand EIN, zwar sehr nostalgisches, aber voll funktionsfähiges „neues" Dienstrad. Und noch dazu ziert der steirische Panther das neue Gemeindegefährt. Kosten: eine Jause für die „Zusammenbauer". Also sind auch die Steuerzahler nicht belastet.

Somit begann ein neues Fahrradzeitalter in der Gemeinde. Angespornt durch den äußerst angenehmen Fahrkomfort entschloss ich mich, ab sofort noch mehr Dienstfahrten in der näheren Umgebung (Radius ca. 5 km) mit meinem Waffenrad durchzuführen. Auch bei den Gemeinderats-Radrundfahrten bin ich mit meinem Oldtimer stets dabei.

Natürlich gab es auch schon die eine oder andere lustige Episode. Zwei möchte ich auszugsweise wiedergeben.

Sommer 2005, 30° Celsius, Baustellenbesprechung bei der gerade im Umbau befindlichen Ortsdurchfahrt. Also, nichts wie aufs Rad und bei angenehm kühlendem Fahrtwind Richtung Treffpunkt. Allerdings nur bis zu dem Augenblick, wo ich im Baustellenbereich ankam und mich folgende Worte stoppten: „Host du die Baustöllentofl net gsegn? Drah um und schleich di mit dein oltn Gorn, sonst grob mas glei mit die Kanalröhrl mit ein!" (Übersetzung, etwas höflicher formuliert: „Haben Sie die Baustellenabsperrtafeln nicht gesehen? Bitte wenden Sie und fahren Sie bitte wieder mit Ihrem etwas älteren Fahrrad, ansonsten muss ich Ihr Fahrrad gemeinsam mit den Kanalrohren vergraben!")

Keine zehn Meter von diesem Stopp entfernt sah ich bereits den Bauleiter, der mit hochrotem Kopf erkannte, dass ich eigentlich der Vertreter des Auftraggebers bin und zum vereinbarten Gesprächstermin erscheine. Obwohl ich über diesen Vorfall herzhaft lachen musste, erfolgten mehrere eindringliche Entschuldigungen seitens des Bauleiters und des mittlerweile die Verwechslung erkennenden Bauarbeiters. Wie die Aussprache Bauleiter – Bauarbeiter verlief, ist mir nicht bekannt, denn ich verließ bereits davor mit meinem Rad die Baustelle.

Die zweite lustige Geschichte begann an einem Samstag im Wonnemonat Mai. Eine standesamtliche Trauung stand an und ich schwang mich auf mein Fahrrad. Dem Ereignis entsprechend und dem Brautpaar angepasst war ich mit meinem Steireranzug bekleidet. Sicherlich ein nostalgisches Bild: Standesbeamter im Steireranzug auf dem Waffenradl. Obwohl ich nahezu eine halbe Stunde vor dem angesetzten Termin vor dem Standesamt vorfuhr, waren bereits die ersten Hochzeitsgäste, Jugendfreunde des Bräutigams, aus dessen südsteirischer Heimat eingetroffen. Diese meinten, ich gehöre zur Gruppe der sogenannten „Mautspieler", in manchen Gegenden auch „Absperrer" genannt. Und so wurden mir natürlich umfassend die „Jugendsünden" des Bräutigams erzählt.

Diese kleine Verwechslung, die wohl – wie schon im ersten Fall – mit der Kategorisierung in standes- und nicht standesgemäße Fortbewegungsmittel zu tun hat – hatte zur Folge, dass ein Raunen durch die Freundesrunde des Bräutigams ging, als ich den Trauungssaal betrat und meine wirkliche Funktion erkennbar wurde. Der Bräutigam war nicht weniger erstaunt darüber, woher ich ein solches „Insiderwissen" über ihn hatte, kam er doch aus einer völlig anderen Gegend.

Beim anschließenden Empfang hörte ich oftmals die eingangs zitierten Worte: „Wos, wer is des do mit dem Radl? Da Standesbeamte …"

Der Globetrotter

Matthias Rassi
Lebensbahnen statt Autobahnen

Mein erstes Rad war ein Puch Jungmeister, Baujahr 1963. Gekauft habe ich es mit dem ersten selbst verdienten Geld als Maurerlehrling. Von da an war ich derart mobil, dass ich auch weiter entfernte Ziele erreichen konnte. Natürlich konnte ich auch schon vorher Rad fahren – erlernt hatte ich es im Alter von sieben oder acht Jahren mit Fahrrädern, die an Gasthausmauern lehnten. Ich schnappte mir das eine oder andere, wissend, dass ich mit einer Ohrfeige zu rechnen hatte, wenn ich nach der Spitztour wieder zurückkam.

In meiner Familie gab es kein Rad, die Eltern hatten das Radfahren auch nie erlernt. Von zu Hause in Lindhof am Fuße der Koralpe mussten alle Wege zu Fuß zurückgelegt werden – Bus und Bahn waren zu weit weg. Zur Schule nach St. Andrä im Lavanttal hatte ich rund zehn Kilometer.

So gesehen war ich mit meiner Vorliebe für das Radfahren aus der Art geschlagen. Ich kam auch nie zu einem Moped oder Motorrad und nach der Fahrschule 1969 musste gleich ein Auto her. Wobei, das Auto wurde nie mein Verkehrsmittel zur und von der Arbeit. Schon zu der Zeit, als das einen autofreien Wochentag signalisierende Pickerl eingeführt wurde, war ich mit dem Rad unterwegs. Diese Unabhängigkeit auch von Bus, Bim und Bahn erhielt ich mir trotz wechselnder Wohnorte und Arbeitsstätten bis zur Pension.

Es gab nur einen Fall, bei dem ich das Rad stehen ließ: bei Schneefall. Bei Antritt meiner Pension kam mir die Idee, in meiner Gemeinde St. Bartholomä, einer Grazer Umgebungsgemeinde, einen Fahrradbotendienst aufzuziehen. Doch die bescheidene Werbeaktivität, die ich als „freischaffender" Fahrradbote an den Tag legte, war in Ermangelung von Nachfrage nicht erfolgreich. Das Projekt wurde vom Bürgermeister begeistert unterstützt – trotzdem musste ich es wegen fehlender Resonanz nach einigen Monaten wieder aufgeben.

Die Erfahrung, dass Radfahren weniger Prestige hat, musste ich öfters machen. So beispielsweise 1997, als ich einige Monate für eine große Transportfirma arbeitete. Man untersagte mir, mit dem Fahrrad auf das Betriebsareal zu fahren und verwies mich auf den angrenzenden Wald, wo ich es ja lassen könnte. Ich nahm mein Rad dennoch mit auf das Firmengelände und versteckte es so gut es ging. Am nächsten Tag hatte ich Brandlöcher von Zigaretten im Sattel und in den Packtaschen. Als ich meine „Kollegen" zur Rede stellte, bekam ich die Ansage: „Wir sind kein Radclub, sondern ein Lkw-Betrieb." Daraufhin habe ich gekündigt. Gänzlich anders war die Reaktion bei meinem nächsten Arbeitgeber, wieder einer Spedition: Dort freute man sich mit mir, weil ich einen Mobilitäts-

Ideenwettbewerb gewonnen hatte und belohnte mich mit € 150.– extra, die ich sofort in eine neue Regenausrüstung investierte.

Heute wohne ich, wie gesagt, in St. Bartholomä, rund 10 km von Graz und erlebe hier im Kleinen das heutige Verständnis von mobil sein: Liebe Bekannte von mir, die zwei Häuser in rund 100 Metern Entfernung bewohnen, legen diese Strecke ausschließlich mit dem Auto zurück. Eine Nachbarin, Mutter von drei Kindern, will ihr Auto ständig vor dem Haus sehen, weil es das Einzige ist, woran ihr im Leben etwas liegt, wie sie mir einmal anvertraute.

Den Niedergang von Puch und anderen heimischen Radererzeugern schreibe ich der von der Politik geförderten maßlosen Motorisierung und der – wie auch in anderen Bereichen der modernen Welt – fehlenden „Politik von unten" zu. Heute gehört Automobilität zu den „Grundrechten", um das gekämpft wird und das man mit Zähnen und Klauen verteidigt, wie die Kontroversen rund um den Spritpreis vor Augen geführt haben. Eine Leben ohne Auto – undenkbar.

Alles, was schneller als ein Ochsengespann fährt …

… bläute uns seinerzeit jener Polizeioffizier ein, den ich bei der Berufskraftfahrer-Ausbildung erlebte. Ich, der von Berufs wegen selber im Lkw saß und zigtausende Kilometer heruntergespult habe, kenne die Gesetze der Fahrphysik aus eigener Anschauung – und von beiden Seiten, aus der Lkw-Kabine und vom Fahrradsattel aus. Darin begründet sich auch mein Verhältnis zu Maßnahmen nicht nur der aktiven, sondern auch der passiven Sicherheit: In der aktuellen Situation bin ich für die Helmpflicht beim Radfahren (wie auch bei bestimmten Sportarten), weil mir die Vorbildwirkung einfach zu kurz greift, um über eine Gewöhnungsphase zur Akzeptanz zu kommen. Diese Position vertrete ich nach einem selbst er- oder besser: über-lebten Unfall, bei dem mich ein überholender Pkw leicht touchiert hatte und ich schwerstens zu Sturz kam, sowie nach mehreren Beinahe-Unfällen.

Umgekehrt würde ich jeder Radlerin und jedem Radler eine Bevorzugung zukommen lassen wie z. B. einen überdachten Abstellplatz, Umkleideraum und Dusche, Radservice, und zwar im Wissen, dass so den Problemen mit den Parkplatzressourcen auf dem Betriebsgelände und der Verkehrsbelastung auf den Straßen konkret entgegengewirkt wird. Mindestens gleich wichtig erscheint mir aber auch aus Arbeitgebersicht, dass radelnde MitarbeiterInnen zwar nicht ausgeruht, dafür aber „aufgeladen" zur Arbeit erscheinen und dabei durch das tägliche Training und die damit verbundene Abhärtung weniger bis gar nicht krankheitsanfällig sind. Ich weiß schon, dass man sich selbst nicht als Maßstab nehmen sollte, aber ich sage es, wie es ist: Ich war in meinem ganzen, 45 Jahre dauernden Arbeitsleben nie krank.

So oft, so weit, so langsam wie möglich
Allerdings hatte ich mehrere Sportverletzungen. Zu meinen radsportlichen „Taten" zählen diverse MTB- und Radmarathons. U. a. fuhr ich fünf Mal die „Tour de Mur" und 17 Mal den Wildoner Radmarathon. Im Vordergrund steht – mittlerweile stand – für mich aber die Ausdauerleistung im Alltag, die Beweglichkeit und Geschmeidigkeit im Sinne eines umfassenden Mobilitätsbegriffes. Und wo geht das besser, als am werktäglichen Weg zur und von der Arbeit? Das Problem unserer Zeit und der Volksgesundheit ist ja die Immobilität, das Überall-hin-bewegt-Werden statt sich selbst zu bewegen. Ich mit meiner Karriere als Lkw-Fahrer weiß Bescheid: Sport und Alltagsradeln waren für mich der überlebenswichtige Ausgleich zum Job.

2006 erhielt ich vom Land Steiermark für meine Idee, Arbeitgeber sollten MitarbeiterInnen, die mit dem Rad kommen, mit einem zusätzlichen Urlaubstag belohnen, den 1. Preis im Bewerb „Besser leben". Dabei fand ich die Idee gar nicht so großartig, sondern nur logisch und konsequent. Dass sie meines Wissens bis heute von keinem Betrieb umgesetzt wurde, steht auf einem anderen Blatt.

„So oft, so weit, so langsam wie möglich", eine Regel von Dietmar Millonig, die ich verinnerlicht habe. Sie hat mich weggeführt von der in jungen Jahren ausgeschöpften Möglichkeit, durch Sport und Training Höchstleistungen zu erbringen und mir das Risiko von bleibenden Schäden und der Einseitigkeit der Bewegungsform, wo nur der Geist und der Ehrgeiz die Leistung abverlangt, vor Augen geführt. Mit 45 hatte ich es im Kreuz und die Gelenke schmerzten – heute bin ich, nicht zuletzt dank der Behandlung von Sportarzt Eduard Lanz, beschwerdefrei und mache mit 61 Übungen, die wesentlich Jüngere nicht schaffen.

Wer gut alt werden will, muss früh damit anfangen
(Prof. Helmut Aiglsreiter)
Ich bin heute – und schon lange – fest der Überzeugung, dass Sport vom Grundgedanken her – abgesehen vom Spaßfaktor – der Beweglichkeit und Geschmeidigkeit bis ins hohe Alter dienen soll. In meinem Fall ist es Karate Do-Shotokai. Eine weiche und doch dynamische Kampfkunst, in der es keinen Wettbewerb gibt und wo besonders auf die Entwicklung des Qi als fließende Lebensenergie geachtet wird. Daneben gefällt mir noch das Boarden – Wind- und Eissurfen sowie Snowboarden.
Ich bin mir sicher, dass eine radelnde Gesellschaft das momentane Gesundheitswesen völlig verändern würde und im öffentlichen Verkehr dadurch wesentlich kleinere Einheiten unterwegs wären. Auch wenn es nach einer Vision klingt und symbolhaft gemeint ist: Durch den starken Radverkehr würde auf einmal die Wegbreite (für das einzelne Individuum) zunehmen und statt von Autobahnen könnte man von Lebensbahnen sprechen.

Ernst Sittinger
Vom Elend des Alltagsradl(n)s. Ein Sportgerät ist kein Verkehrsmittel – oder doch?

Unsere Gesellschaft steht im Spannungsfeld zwischen Fitness-Wahn und Bewegungsfaulheit. Wenn es etwa darum geht, bei einem Triathlon 100 Kilometer Rad zu fahren, lassen sich tausende Hobbysportler weder durch Wind oder Wetter noch durch Gebrechlichkeit an der Teilnahme hindern. Sie zahlen sogar eine Startgebühr, um sich in ihrer Freizeit bis an den Rand des Zusammenbruchs abzurackern. Und sind am Ende froh, wenn es statt des 94. Platzes dann doch der Rang Nr. 63 in der Altersklasse „Masters III" geworden ist.

Sind aber die täglichen Verkehrsgewohnheiten zur kritischen Überprüfung aufgerufen, dann werden all die zähen Eisenmänner (und -frauen) plötzlich butterweich. Ein Arbeitsweg von vielleicht elf oder 15 Kilometern gilt ohne Auto als völlig unbewältigbar. Es kann schließlich niemandem zugemutet werden, derart enorme Entfernungen mit Muskelkraft zurückzulegen! Erstens ist es ja fast immer zu kalt oder zu heiß, zweitens könnte es regnen oder es liegt noch Schlamm vom letzten Guss auf den Wegen. Drittens der Schweiß!! Eh klar: Man kann nicht wie ein Schwein im Büro erscheinen. Vor die Wahl gestellt zwischen Schweißgeruch und Autoqualm wählt man lieber Letzteren: Bevor die eine Stinkerei das Image gefährdet, soll lieber die andere die Gesundheit und Umwelt ruinieren. Man stinkt lieber tödlich als eklig.

Bitte kräftig Abgas geben!
Die Ausredenliste gegen das Stadtradfahren lässt sich beliebig fortsetzen: Schweres Gepäck, Einkauf auf dem Nachhauseweg, vielleicht die Kinder abholen müssen, Auswärts- oder Abendtermin. Keine Zeit für ein subjektiv so langsames Verkehrsmittel (auch wenn's in der Stadt fast immer schneller geht als mit dem Auto). Räder können auch gestohlen werden. Wenig Luft im Reifen. Die Batterie für das Rücklicht ist auch schon schwach … Ja, und Radfahren ist auch sehr gefährlich! Wegen der vielen Autos nämlich. Die machen auch die Atemluft viel zu schlecht fürs Radeln. Und als paradoxe Intervention setzt man sich dann lieber gleich selbst in die Blechkiste, um wieder kräftig Abgas zu geben. Und am Wochenende gibt's die nächste Challenge: Erstdurchquerung des Gleinalmtunnels ohne künstlichen Sauerstoff.

Diese Beobachtungen sollen nicht von einer moralisch überlegenen Warte aus getroffen werden. Denn viele der geschilderten Mechanismen und Denkweisen habe auch ich an mir selbst erlebt. Ich war lange ein Betroffener des Paradoxons: Eine Mountainbike-Tour mit 2000 Höhenmetern mutete ich mir gerne zu, die

40 Höhenmeter starke Anfahrt ins Büro strampelte ich nur widerwillig herunter. Und das liegt ganz bestimmt nicht am Büroklima.

Motivation durch Herzinfarkt
Woran es liegt? Ich denke, es gibt psychologische und faktische Komponenten. Erstere sind rasch besprochen: Dass wir als Spezies nicht gerade zu den beweglichsten Tieren zählen, liegt auf der Hand. Oder zum Beispiel am Beckenrand: In jedem Schwimmbad kann man erkennen, dass wir nicht zu den Hechten, sondern zu den Karpfen zählen. Man könnte auch sagen: Wir sind faul. Oder positiv und zeitgemäß ausgedrückt: Wir müssen eigens motiviert werden, um uns zu bewegen.
Motivation kommt entweder erst in Gestalt des Herzinfarktes oder schon früher.
Womit wir bei den faktischen Komponenten des stadtradfeindlichen Klimas sind. Denn Motivation kann gerade auch aus einer hervorragenden Ausstattung bestehen. Für den Sektor des Freizeitsports ist das eine Binsenweisheit. Da gibt es die besten Klamotten, die schrillsten Farben, die erlesensten Materialien, das perfekte Feintuning für Mensch und Fahrrad-Maschine. Umso erstaunlicher ist, dass sich bisher niemand die Mühe macht, für den Bereich des Stadtradfahrens ähnliche Angebote zu machen.

Das Elend der City-Räder
Gut, in den Prospekten werden eilfertig sogenannte „City-Räder mit Komplettausstattung" angeboten. Aber das Meiste davon ist ein Glumpert, dass es eine Schande ist. Wer es nicht glaubt, mache den simplen Test: Das für die Alltagstauglichkeit und den Spaß-Faktor wichtigste Kriterium des Fahrrades ist sein Gewicht. Dieses wird aber bei City-Rädern in den Werbeprospekten gar nie bekannt gegeben. Und das aus gutem Grund: Die monströsen Gefährte wiegen meist zwischen 16 und 26 Kilogramm.

Knackwürste aus Bad Tölz
Während also bei Mountainbikes mit beinahe grotesken technischen Raffinessen um wenige Dekagramm gefeilscht wird – zehn bis elf Kilogramm Rad-Gewicht sind Standard, es geht auch darunter –, mutet man dem Stadt-Biker bis heute zumeist schwere Schrottware aus der Waffenrad-Ära an. Wie soll da Freude aufkommen? Ähnlich traurig sieht es bei sämtlichem Zubehör aus. Und die Kleidung ist überhaupt ein eigenes Kapitel: Bei Sportkleidung wird auf Luftdurchlässigkeit, Schnelltrocknung, optimales Körperklima, Winddichtheit und auf ebenso praktische wie leichte Regen-Tools geachtet. Aber vom Design und vom Schnitt her sind die Trikots leider so abgefahren schrill, dass sie nicht einmal als Backoffice-Outfit oder für den casual Friday taugen. Normal gebaute Biker sehen in diesen Klamotten aus wie eine Knackwurst

auf Sommerfrische in Bad Tölz. Radfahren zur Arbeit mag heute sozial akzeptiert sein, aber wer im passenden (weil bewegungs-tauglichen) Turngewand im Büro erscheint, kann einpacken.

Mumien im Anzug
Umgekehrtes gilt für Anzüge, Hemden und sonstiges Business-Outfit: Die Büromode wird gnadenlos für bewegungslose Mumien, sprich: Autofahrer geschneidert. Es kam noch niemand auf die Idee, zwei Zwecke zu verbinden: sozialverträglich-modisches Aussehen und annehmbare klimatische Körperbedingungen für den sportlichen Träger. Die Werbebezeichnung „sportlicher Schnitt" hat mit Sport leider so viel zu tun wie der Sportwagen. Daher mein flehentlicher Appell: Modeschöpfer aller Länder, schöpft! Eine Marktlücke erwartet euch.

Fazit: Wollen wir Stadtradfahrer endlich zahlreicher werden, brauchen wir nicht nur gut gepflegte, breite Radwege (die aber natürlich auch). Es muss auch das Angebot rundherum stimmen – vom Rad über die Bekleidung bis zu brauchbaren Taschen/Rucksäcken, die den Benützer nicht gleich wie einen Pauschaltouristen oder Fahrradboten aussehen lassen. Das alles wär auch was für die Politik – etwa für den nächsten Design-Preis.

Rad-Mutant aus dem Selbstbau
Ich selbst habe das Rad-Problem für mich übrigens gelöst. Indem ich ein wunderbar leichtes, hochwertiges Mountainbike so umgebaut habe, dass es voll city-tauglich wurde – also Nachrüstung mit Kotblechen, Glocke, Licht, Gepäckträger, Fahrradkorb und wintertauglichen Warmhalte-Griffen. Die schwerste Komponente ist jetzt das massive Fahrradschloss. Weil diese Art Rad-Mutant nämlich leider gar so schwer erhältlich ist!

Eva Rümmele
„Velochicks" – von Renn- und anderen Hühnern

Im Jahr 2006 wurde über 100 Jahre nach der Gründung des ersten Rad fahrenden Damenklubs in Graz, des Grazer Damen Bicycle-Club (gegr. 1893), der zweite historisch relevante Radverein für Frauen gegründet: die „velochicks". Die Beweggründe zur damaligen Zeit waren oder sind zumindest aus heutiger Sicht relativ einfach zu verstehen: Die Frauen wollten der „Pflicht", sprich Haus, Herd und Familie, davonradeln. ;) Fast alle Radvereine akzeptierten Frauen nur als Aufputz und Bannerpatinnen.

In der heutigen Zeit jedoch, in der die Frauen der Pflicht längst davongefahren sind (glaubt man zumindest) und natürlich in jeden x-beliebigen Radverein eintreten dürften, hört man des Öfteren den Satz: „Ein Radverein nur für Frauen, wozu soll das gut sein?"

Die Beantwortung dieser Frage ist nicht ganz einfach, denn: Was können die Damen in einem Radverein nur für Frauen wirklich anders machen als in einem Verein, der Männer und Frauen gleichermaßen unterstützt?

Dazu einige (mehr oder weniger) gute Gründe, die mir in den Sinn kommen:

Frauen und Männer haben sehr oft einen anderen Zugang zum Sport – Männer betreiben ihn, um sich mit anderen zu messen, Frauen, um zu entspannen, abzuschalten und Spaß zu haben. Um noch einmal einen historischen – männlichen – Zeugen zu zitieren: Laut dem Mediziner Otto Gotthilf von 1900 ist diese Motivlage für Frauen sogar legitim – übten sie das Radfahren jedoch aus „Emancipationsgelüsten, Eitelkeit oder Gefallsucht" aus, sollten sie sich „charakterfest" zeigen, und es bleiben lassen. Der Schluss aus dieser Haltung, die durchaus auch dem offiziellen Wording des Grazer Damen-Bicycle-Club entsprach: Man (frau) muss halt nur nach den richtigen Gründen suchen und das „Marketing" so gestalten, dass auch Mann gewisse Dinge akzeptieren kann. In manchen Angelegenheiten ist das ja auch in der heutigen Zeit noch der Fall.

Im Unterschied zur damaligen Rechtfertigungsstrategie unterstützen die „velochicks" selbstverständlich auch Frauen die aus Emanzipationsgelüsten, Eitelkeit oder Gefallsucht Rad fahren wollen.

Sondieren wir die Motivlage für die Gründung unseres Vereins weiter, so stoßen wir bald auf rollenspezifische Verhaltensmuster, die es zu durchbrechen galt: Frauen wollen nicht immer den Männern hinterher radeln, denn oft zeigen sich diese gerade dann, wenn Frauen anwesend sind, als besonders ehrgeizig. Der Zugang ist einfach ein anderer: Frauen wollen sich (z. B. bei einem Techniktraining) nicht blamieren und die Schlechtesten sein (auch wenn sie das meistens nicht sind), Männer gehen sowieso immer davon aus, dass sie die Besten sein werden.

Positiv formuliert: Frauen wollen sich gegenseitig

motivieren und das gelingt besser, wenn sie gehäuft auftreten (und nicht in der Minderheit sind, wie in „normalen" Radsportclubs). Und last but not least: Frauen sind eben manchmal auch ganz gerne unter sich und wollen einmal das Gefühl genießen, Männer vom Stimmrecht auszuschließen. ;)

Es gibt sicher noch einige Gründe, die für einen Radverein für Frauen sprechen, dem bis heute ca. 50 Mitglieder beigetreten sind. Jede könnte gewiss andere Motive nennen. Frauen sind eben einfach anders und Männer Gott sei Dank auch.

Radwettkämpfe für Frauen waren zur Zeit des GDBC und seiner Obfrau Elise Steininger noch eher unschicklich und die Teilnahme an Wettkämpfen hätten den Affront gegen die Etikette auf die Spitze getrieben, weshalb Steininger & Co. Einladungen zu Rennen auch ablehnte. Frau übte sich im Reigenfahren und bereicherte mit blumengeschmückten Rädern den einen oder anderen Korso, während bei Ausfahrten, bei denen frau unter sich war, schon kräftig in die Pedale getreten wurde.

Bei den „velochicks" hingegen besteht ein großer selbst gestellter Aufgabenbereich – zumindest im Bereich des Marketings – gerade eben aus der Wettkampftätigkeit. Diejenigen, die an Wettkämpfen teilnehmen sind zwar mit vier bis fünf „Rennhühnern" bei Weitem in der Minderzahl, die Medienpräsenz des Vereins wird aber trotzdem hauptsächlich durch sie erreicht. Der Rest des Vereins setzt sich aus „Spaßhühnern" zusammen

– aus welchem Grund diese das Radfahren betreiben, geht eindeutig aus dem Namen hervor.

Die Aktivitäten der „velochicks" reichen von gemeinsamen Ausfahrten mit anschließendem Grillen, Mountainbike Techniktraining für alle Könnensstufen und Sparten, Radreparaturkursen bis zu Vorträgen über speziell auf Frauen ausgerichtetes Training (denn der Frauenkörper ist, wie wir alle wissen sollten, kein kleiner Männerkörper), Tapingkursen und Sportmassage und auch Langlauf- und Schwimmkurse hat es schon gegeben.

In diesem Sinn des sportlichen Multitaskings knüpfen wir wiederum an die historischen Vorbilder an, waren doch die ersten Kicker ebenso wie die ersten Skiläufer Radler und die meisten frühen Radvereine Mehr- bis Multispartenclubs, deren Mitglieder sich in allen möglichen und unmöglichen, auch in künstlerischen, Disziplinen übten. Insoferne ist es auch verständlich, dass von ihnen damals das öffentliche Leben ganz wesentlich mitbestimmt und die letzten Bande absolutistischer Kontrolle gelockert wurden. Gerade die Radvereine waren Sperrspitze gesellschaftlicher Entwicklungen im demokratischen Sinn, deren Wirkung über Sport und Köperbewusstsein, Spaß und Spiel und vor allem über die öffentliche Teilnahme der Frauen nicht zu überschätzen ist.

So gesehen haben die „velochicks" im Grunde „nur" emanzipatorische Ansätze aufgepickt, wenn auch von einer anderen, aufgeklärten Basis aus und mit anderen Akzenten als vor 106 Jahren.

Der Unerschütterliche

Martin Orthacker
Fixed Gear und kalkuliertes Risiko

„Tust du noch immer radlfoahrn?" Wenn ich alte Bekannte, Schulkollegen beispielsweise, nach langer Zeit wiedertreffe, dauert es nicht lange, und ich höre diese Frage, nicht selten mit einem etwas abschätzigen Unterton. Meist bejahe ich sie einfach, um nicht weiter ausholen zu müssen. Denn wie sollte ich in wenigen Worten erklären, was *Radfahren* für mich bedeutet und warum man es sogar zum äußerst abwechslungsreichen Beruf machen kann.

Das konnte ich mir vor 15 Jahren übrigens auch noch nicht vorstellen. Damals war ich noch Schüler, und durch einen etwas älteren Freund wurde ich auf den Fahrradbotendienst Veloblitz aufmerksam. Wir waren beide schon, angestachelt von unseren radelnden Vätern, etliche Radmarathons gemeinsam gefahren und mein Trainingspartner hatte begonnen, als Bote für ebendiese Firma zu fahren. Ich stellte mich nach einiger Zeit auch dort vor und konnte bald die ersten Aufträge übernehmen.

Zunächst sah ich die ganze Sache in erster Linie als Training – allerdings als bezahltes. Ich war ein- bis zweimal pro Woche unterwegs, in den Ferien entsprechend öfter. Zuerst wollte ich mir nur ein wenig Taschengeld dazuverdienen, aber bald merkte ich, dass das nicht nur „ein Job" war. Und ich stellte auch fest,

dass sich Fahrradboten nicht wirklich einordnen lassen. Obwohl: Von den verschiedensten Seiten kamen (und kommen) die verschiedensten Vorschläge ...
Irre. Leistungssportler. Lebensmüde. Akrobaten. Rowdies. Wandelnde Stadtpläne. Freaks. Trendsetter. Vielfraße. Retter. Outlaws.
Was sind wir?
Genau – von allem etwas, allerdings in wechselnder Reihenfolge und mit unterschiedlicher Gewichtung. Wobei das mit dem „wir" nicht ganz so einfach ist – zwar einen uns dieselbe Tätigkeit und der Hang zu etwas, was man wahrscheinlich gemeinhin als milden Wahnsinn bezeichnen würde, aber unterschiedlicher können die Geschichten und Beweggründe hinter den einzelnen Fahrerinnen und Fahrern wohl kaum sein.
Was also sind meine eigenen Beobachtungen?
Für Menschen, die gerade einmal mit dem Rad zur Arbeit fahren (wenn überhaupt), ist es schlichtweg unvorstellbar, fünf oder mehr Stunden mit dem Rad bei jedwedem Wetter unterwegs zu sein und dabei 100 oder mehr Kilometer zurückzulegen. Auf der anderen Seite sehen uns „echte" Radrennfahrer mitleidig an, meinen, wir würden ohnehin nur „die Füße bewegen", wären keine Sportler. Nun gut, wer sich als Mittagsjause während einer Doppelschicht des Öfteren ein Kebap genehmigt, den Feier-Abend wörtlich nimmt und sonst auch eher Schinderei als gezieltes Training betreibt, kann kein Sportler sein. Aber, wenn man mit

einer Kanone in den Wald schießt, weiß man zwar nicht, was man trifft, aber irgendein Baum ist sicher dabei. So sind auch viele Botenfahrer und Botenfahrerinnen im Wettstreit mit „echten" Sportlern nicht ganz chancenlos. Besonders amüsant ist es, wenn man unterschätzt wird, nach dem Motto: „Eh nur ein Bote"... Hängt man sich in den Windschatten eines Rennradlers und funkt gut hörbar (aber nicht einmal als Provokation gemeint) in die Zentrale, „Ich rolle mal gemütlich in die Stadt hinein", kann es schon passieren, dass der Vordermann schneller und schneller und schneller und schneller wird ...

Gegen das Sportler-Sein spricht auch unsere gezielte Vorbereitung auf gelegentliche 24-Stunden-Rennen – die sehen dann, wenige Tage vor einem solchen Rennen, für das wir noch jemanden für eine Vierer-Staffel brauchen, so aus: „Hast du am Wochenende schon was vor ...?"

Nachdem unser Team aber regelmäßig auf den vorderen Rängen zu finden ist, dürfte diese Herangehensweise nicht die schlechteste sein, zumal es bei diesen Rennen ja nicht zuletzt darum geht, sich immer wieder überwinden und quälen zu können. Und Spaß zu haben, sprich, die Sache nicht allzu ernst zu nehmen, schadet sicher auch nicht. Dass man auch zum „echten" Sportler werden kann, bewiesen mittlerweile schon zwei ehemalige Kollegen, die am Race Across America teilnahmen und es erfolgreich beendeten.

Unvorstellbar für Schreibtischtäter und Normalität für Sportler sind aber auch die Mengen an Nahrung, die man nach einem anstrengenden Tag – man muss schon sagen – vernichten kann. Ein halbes Kilo Nudeln (Trockenmasse...) ist da schnell mal weg. Eine Fahrerin, die damals noch daheim wohnte, erzählte mir vom Vorschlag ihrer Eltern: Sie wollten sie „bestechen", nicht mehr zu fahren, denn das wäre billiger gewesen als die Übermenge „Treibstoff", die sie als Fahrradbotin benötigte ...

Dass das Botenfahren nicht nur aus der körperlichen Komponente besteht, müssen neue Leute bei uns immer wieder feststellen. Wenn sie anfangs mit einem langjährigen Boten mitfahren, um wertvolle Tipps zu bekommen, sehen sie schnell, dass es theoretisch recht einfach ist, sich eine Route durch die Stadt zu planen, dem Funk zu lauschen, passende Aufträge für sich herauszuhören, in die bestehende Route einzubauen, Abrechnungsmodalitäten zu klären und nicht zuletzt auf den Straßenverkehr zu achten. Praktisch kommt der Faktor „Puls 180" dazu, und schon ist gar nichts mehr einfach.

Ja, der Straßenverkehr ... Verschrien als Geisteskranke, in den Medienberichten stets die schwarzen Schafe – doch die Unfallstatistik spricht für uns. Was auf den ersten Blick wie der pure Wahnsinn aussieht, ist das vielzitierte kalkulierte Risiko. Weshalb sollte ich Gesundheit und Einkommensquelle aufs Spiel setzen? Während ein Auto Knautschzone und

Gaspedal hat, muss ich mich bemühen, mich möglichst flüssig im Verkehr fortzubewegen und Gefahren auszuweichen. Das sieht vielleicht waghalsig aus, aber allerhöchstens für mich – ich könnte mich nicht erinnern, jemals ein übermotorisiertes SUV in seinem Fortkommen ernsthaft behindert oder gar gefährdet zu haben ...

Es gibt ein Sprichwort: „Wird dem Esel zu wohl, geht er aufs Eis tanzen." Anders lässt es sich wahrscheinlich nicht erklären, wie ich (und viele Boten vor mir) auf die Idee komme, mit nur einem Gang und ohne Freilauf zu fahren – man hat nur einen Gang für sämtliche Geschwindigkeiten, und die Pedale kreisen immerfort, auch bergab und in Kurven. Im Fachterminus heißt das „Fixed Gear" oder kurz „Fixie", im Prinzip eine alte Technik, wie sie vor Erfindung des Freilaufes und der Schaltung üblich war. Mein „Fixie" ist im Übrigen die Reinkarnation eines Puch „Vent Noir", das in seinem früheren Leben das Rennrad meines Vaters war und so an die 30 Jahre alt sein muss.

Dass man sich dabei eine gewisse Kunstfertigkeit aneignet, beweisen Wettbewerbe bei nationalen und internationalen Botenmeisterschaften, die sich „trackstand" oder „backward circle" nennen – stehen auf dem Rad bzw. rückwärts Kreise fahren. Vor einer roten Ampel kann es leicht passieren, dass der Autofahrer hinter mir panisch um sein Auto fürchtet, wenn ich vor oder gar neben ihm freihändig auf dem Rad stehe. Ein – und wieder sind wir bei den „Echten" – echter Kunstradfahrer lächelt nur milde über solchen Dilettantismus. Rückwärts Kreise fahren? Machen Kunstradfahrer auch. Auf dem Hinterrad und freihändig. Zumindest fahren sie keine 24-Stunden-Rennen, versuche ich mich bei meinen Versuchen zu trösten.

Wenn ich wochenends die bunten Zeitungen durchblättere, in denen von Society-Events berichtet wird, von neuen hippen Firmen in der Stadt, von erfolgreichen Betrieben – dann liest sich das oft wie unsere Kundenliste. Als Fahrradbote geht man in vielen wichtigen Firmen, Ämtern und Behörden ein und aus – und ist doch unsichtbar, „nur der Bote". Man wird höchstens mehr oder weniger freundlich gebeten, man möge doch nicht auf den Teppich tropfen – sei es Schweiß oder auch nur Regenwasser.

Als Dispatcher, sprich Telefonist und Funker, sitze ich wenigstens im Trockenen, ich muss nicht mit Autofahrern Freundlichkeiten austauschen, und Lunge und Beine fühlen sich geradezu angenehm an. Ich brauche mich nur entscheiden, welcher der extrem dringenden Aufträge wirklich dringend ist, darf mir aussuchen, welches der drei läutenden Telefone ich abhebe und wie ich herausfinde, was der Kunde wirklich von uns will – damit ich unter Umständen verhindern kann, dass wieder einmal ein Fahrradbote vor einer zwei Meter langen Rolle Kunstrasen steht, die es zu transportieren gilt. Auch wenn viele von uns bisweilen von nahezu krankhaftem falschem Ehrgeiz („ICH schaff das schon …") befallen sind, könnte so ein Auftrag möglicherweise zu kleineren Problemen führen. Hilfreich ist es, wenn ich mir die Fahrtrouten von 15–20 Botinnen und Boten merke, damit ich die offenen Aufträge den richtigen Fahrern anbieten kann. Ja, GPS-Ortung wäre fein, stünde aber im Widerspruch zu deren Selbständigkeit. Freigeister lassen sich nicht gern kontrollieren.

Denn jede/r kann tun und lassen, was er oder sie will, so lange nur die angenommenen Aufträge erledigt werden. Wenn es bei manchen Kollegen (Kolleginnen sind da zumeist vernünftiger) am Vorabend mal länger gedauert hat, kann es schon passieren, dass ich Schwierigkeiten bekomme, alle Aufträge loszuwerden – aber was wäre das Leben ohne Herausforderungen. Dass diese Freiheiten nicht schamlos ausgenutzt werden, liegt wohl an so etwas wie Berufsehre, denn außer etwas Sarkasmus beim nächsten Einsatz hat man nichts zu befürchten.

Eine Frage stellt sich in diesem Zusammenhang natürlich immer wieder: Wie motiviere ich jemanden, der schon fünf Stunden durch den Schneeregen geradelt ist oder auch von der Sommersonne gegrillt worden ist, neuerlich aufs Rad zu steigen und beispielsweise von Andritz zum Flughafen zu fahren (… und übrigens, es sollte in den nächsten 45 Minuten passieren …)? Glücklicherweise kommen solche „Herausforderungen" eher selten vor.

Sollte es ausnahmsweise zu langweilig werden oder der Dispatcher besonders gut aufgelegt sein, werden über Funk Geschichten von Straßennamen erörtert, „Standard"-Rätsel gelöst und jedes Mal aufs Neue festgestellt, dass Wikipedia doch etwas äußerst Nützliches ist. Aber eigentlich ist der Job ein sehr abwechslungsreicher und sogar ein oft unterhaltsamer – man darf mit ungewöhnlichen Menschen ungewöhnliche Probleme lösen – und noch viel öfter ganz triviale.

Trotz allem bin ich jedesmal (und leider immer seltener, da ich kaum noch die Zeit dafür finde) froh, wenn ich wieder ins Kalte und Nasse oder in die Sommerhitze hinaus kann. Noch viel froher bin ich natürlich in den zwei Wochen im Jahr, in denen das Wetter perfekt ist. Wobei ich ja zugeben muss, dass wir in Graz im wahrsten Sinne des Wortes eher auf der Sonnenseite sind. Übrigens sind wir wohl eine der wenigen Berufsgruppen, die glücklich darüber sind, wenn das Wetter während der Woche besser ist als am Wochenende ...

Und wenn ein Berufsradler einen Tapetenwechsel braucht? Dann übt er seinen Beruf eben im Urlaub aus. Etwa als Rennradtourenführer in südlichen Gefilden. Da kommen einem dann die Motivationsfähigkeit eines Dispatchers und die Belastbarkeit eines Fahrradboten sehr gelegen – wenn man Hobbyrennfahrer über steilste Berge und weiteste Strecken führen muss und dabei immer lächelnd so tut, als ob einen das vollkommen unbeeindruckt ließe. Dafür trifft man auch dabei – wie beim Botenfahren – bekannte Gesichter, wenn man etwa plötzlich neben einem gewissen Eddy Merckx dahinradelt, der von einer Hotelgruppe dazu eingeladen wurde, mit deren Gästen eine kleine Tour zu fahren. Angesichts solcher Prominenz bin ich dann als gemeiner Tourguide doch gerne einmal unsichtbar ...

Mittlerweile habe ich mit zwei Partnern, die auch „nur" Boten waren, Veloblitz übernommen und wir sehen ganz neuen Herausforderungen entgegen, doch sollte jemand fragen:

Ja, ich tu noch radlfoahrn.

Angela Pilz
Aus dem Leben einer Fahrradbotin

Montagfrüh. Es ist noch fast dunkel draußen, aber dann doch schon hell genug, um den dichten Schneeregen zu sehen, der wie ein weißer Vorhang vor meinem Fenster hängt. Auf dem Weg in die Zentrale muss ich feststellen, dass auch die Straßenverhältnisse mies sind. Wie bin ich eigentlich nur auf diese Idee gekommen, meine Botenschichten auch im Winter mit dem Rennrad zu fahren? Ach ja, das gehört doch zum echten Botenstyle dazu.

Bis ich in der Zentrale bin, ist mir eiskalt und obwohl Regenhose und Regenjacke die schlimmste Nässe abhalten, spüre ich schon, dass meine Füße diese Schicht nicht trocken überleben werden. Natürlich, genau heute ist keine Zeit für einen gemütlichen Tee in der Zentrale. Es sind wieder einmal eher wenige FahrerInnen da, weil ein paar krank geworden sind … als sie in der Früh zum Fenster hinausgeschaut haben. Also kriege ich sofort meinen ersten Auftrag, keine Zeit zum Aufwärmen.

Der Auftrag ist extrem dringend. Ich beeile mich also trotz widriger Umstände. Als ich vor dem Haus stehe, in dem die Abholung zu machen ist, überlege ich kurz, wo ich mein Rad abstellen soll. An der Hausmauer prangt nämlich ein nicht zu übersehendes, leuchtend gelbes Schild: „Fahrräder anlehnen verboten". Ich erspähe einen Fahrradständer, doch der ist zu weit weg

– zum Spazierengehen ist jetzt echt keine Zeit – und außerdem ist er einer von der Marke „Felgenknicker". Ich entscheide mich also doch für die Hausmauer – dauert ja nur eine Minute.

Als ich das Paket abhole, sagt mir der Auftraggeber noch einmal, wie dringend dieser Auftrag ist und wie sehr ich mich bitte beeilen soll. Ok, ich werde also direkt zur Empfängerin fahren und auf dem Weg keine anderen Aufträge annehmen. Als ich wieder vor dem Haus stehe, sehe ich, dass irgendjemand mein Rad kopfüber in eine große Papiermülltonne gesteckt hat. Grrrr …, dabei hab ich das Rad ja eh nicht am Schild angelehnt.

Auf dem Weg zur Empfängerin des Päckchens spüre ich, wie meine Hände und Füße vereisen. Ich komme über die Elisabethstraße auf das Glacis. Auf der gegenüberliegenden Straßenseite befindet sich der Radweg, der aufgrund der Wetterverhältnisse nicht besonders einladend aussieht. Außerdem muss ich nur ein kleines Stückchen Richtung Geidorfplatz fahren, um dann gleich einmal rechts zur Kundschaft zu gelangen. Ich beschließe also, nicht für ein paar Meter die Straßenseite zu wechseln, nur um dann erst recht wieder die stark befahrene Straße queren zu müssen. Plötzlich hupt neben mir ein Autofahrer. Mich erschreckt das unerwartete und laute Geräusch so, dass ich mein Rad verreiße und fast in den Randstein des Gehsteiges fahre. Gut, das hat mir wieder einmal bestätigt, dass es für meine eigene Sicherheit am besten ist, schön weit in der Mitte der Fahrbahn zu fahren. An der nächsten Ampel lässt der Autofahrer sein Fenster runter, beschimpft mich und gestikuliert wild Richtung Radweg. Ich gebe ihm noch schnell einen Hinweis auf die Sonderbestimmungen für Rennräder in der StVO, die auch die Radwegpflicht betreffen, bevor unser nettes Gespräch durch die nächste Grünphase unterbrochen wird.

Als ich das Haus, in dem sich die Empfängerin meines Päckchens aufhalten soll, erreiche, riskiere ich einen Blick auf die Uhr. Gut, ich war wirklich schnell. Ich finde das Schild der Firma, zu der ich so eilig muss, und laufe in den 4. Stock, da ich keinen Lift entdecken kann. An der Eingangstür zu dem Büro läute ich. Es rührt sich nichts. Ich läute noch einmal, warte, läute noch einmal, warte wieder. Da sehe ich das Schild, das an der Tür hängt: „Wir sind derzeit auf Urlaub. In dringenden Fällen erreichen Sie uns unter der Nummer …" Soviel also zur Dringlichkeit meines Auftrages. Ich nehme das Päckchen wieder mit.

Die Abholung für meinen nächsten Auftrag ist ganz in der Nähe. Im Büro ist es schön warm. Meine Bewegungen sind eher langsam, damit ich die Wärme möglichst lange auskosten kann. Ich spüre jetzt zumindest, dass meine Zehen noch dran sind. Der Kunde gibt mir Geld und schickt mich einkaufen. Einen Liter Milch, acht Flaschen Bier und zwei Flaschen Wein, beauftragt er mich flüsternd. Aber nicht von irgendeinem Geschäft, sondern genau von diesem bestimmten, auch wenn es die Dinge natürlich in jedem Supermarkt geben würde. Ach ja, und wenn ich zurückkomme, soll ich die Milch schön sichtbar auf seinen Tisch stellen, das Bier und den Wein am besten gut verpackt und schön leise und unauffällig unter dem Tisch durchschieben.

Als ich wieder draußen bin und mich auf den Weg ins Geschäft machen will, komme ich fast nicht mehr in meine Radhandschuhe hinein, weil meine Hände nass geworden sind, als ich den Sattel abgewischt habe. Meine Finger stecken fest und ich krieg sie erst nach langem Abmühen ganz hinein – jedes Mal das Gleiche, diese Handschuhe sind einfach nicht zum Botenfahren gemacht.

Auf dem Weg zu diesem bestimmten Geschäft kommt mir ein anderer Fahrradbote entgegen. Ich kann ihn nicht erkennen, da er komplett vermummt ist und man nur seine Augen sehen kann – so ähnlich muss ich wohl auch aussehen. Ich erkenne allerdings sein Rad, es ist Wundertroll auf seinem Fixie. Ja, wir erkennen uns alle an unseren Rädern. Von den meisten BotInnen kenne ich ja auch nur die Funknamen. Der Bote grüßt, indem er einen Arm und das gegenüberliegende Bein parallel zu seinem Fahrrad ausstreckt, und ist auch schon wieder vorbei.

Im Geschäft angekommen, muss ich mich anstrengen, dass ich die Bier- und Weinflaschen überhaupt noch in meinen Rucksack hineinbekomme, da das nicht zustellbare, dringende Paket doch etwas größer und schwerer als avisiert war. Endlich geschafft. Jetzt ist mein Rucksack dafür so schwer, dass ich ihn fast nicht mehr alleine auf den Rücken bekomme. Ich wanke zu meinem Rad und mache mich auf den Rückweg, um meine schwere Fracht wieder loszuwerden. Wie's der Teufel will, führt mich mein Weg dann auch noch über die Münzgrabenstraße stadteinwärts. Der Zustand auf meinem Rad ist aufgrund des Gewichtes ohnehin schon etwas instabil – ich fühle mich recht unbeweglich in den Kurven und etwas schwerfällig beim Bremsen. Nun kommt auch noch der lustige Schienenparcours dazu. Immer wieder muss ich die Straßenbahnschienen queren, um nicht, in der Mitte fahrend, von den AutofahrerInnen angehupt zu werden oder mit dem Pedal an der Gehsteigkante hängen zu bleiben. Jede Querung ist ein Erlebnis für sich – und knapp hinter mir einige Autos, die anscheinend nur darauf warten, mich zu überfahren, falls ich stürze, denn sonst würden sie wohl mehr Abstand halten. Ich überwinde die Münzgrabenstraße zwar langsam, aber sturzfrei und merke, dass auch der Schneeregen etwas nachgelassen hat – was allerdings das Spritzwasser nicht davon abhält, durch die Öffnungen für die Metallplatten auf der Sohle meiner Radschuhe ins Innere zu gelangen.

Nachdem ich auch diesen Auftrag erledigt und mich von meiner schweren Last befreit habe, verspricht mir der Dispatcher in der Zentrale einen ganz leichten Auftrag. Ich bekomme Hausnummer, Firmenname,

Stockwerk und Name des Auftraggebers und starte los. Wirklich, ich erhalte nur ein kleines adressiertes Briefkuvert, das zu einer Firma in Eggenberg gehen soll. Guten Mutes starte ich. Als ich an der richtigen Adresse ankomme und die Adresse genauer in Augenschein nehme, erkenne ich, dass der „Run" nur auf den ersten Blick ein einfacher war. Ich stehe vor einem riesigen Gebäudekomplex, der offensichtlich von vielen Stockwerken und Gängen durchzogen ist. Auf meinem Kuvert steht allerdings nur ein Nachname – keine Abteilung, kein Stockwerk. Ich finde einen Eingang, stelle mein Fahrrad ab und frage die erste Person, die ich antreffe, nach Frau Maier, deren Name auf meinem Kuvert steht. Die hilfsbereite Person weist mir den Weg und ich bin erleichtert, dass Frau Maier so bekannt ist, dass ihr Nachname für die Identifikation und Lokalisierung ausreicht.

Ich muss in den 4. Stock. Oben angekommen, wird mir erklärt, dass ich zwar im 4. Stock, aber im falschen Gang sei. Ich müsse noch einmal hinunter ins Erdgeschoss, dann in den anderen Gang und wieder hinauf. Ich akzeptiere wieder einmal mehr die seltsame Architektur mancher Häuser und folge den Anweisungen. Als ich im vermeintlich richtigen 4. Stock ankomme, werde ich allerdings wieder in den Keller geschickt. Ich werde davon in Kenntnis gesetzt, dass es in dieser Firma zwei Frau Maier gibt und dass ich leider, leider … Oft ist das Schicksal einfach hart.

Nachdem ich mein Kuvert endlich ordnungsgemäß losgeworden bin, nehme ich den erstbesten Eingang aus dem Gebäude heraus. Draußen angekommen, muss ich dann eine Weile suchen, bis ich wieder bei dem Eingang angelangt bin, vor dem aus ich zu meiner Odyssee gestartet war und wo ich mein Fahrrad abgestellt hatte.

Ich steige aufs Rad und bin bereit für meinen nächsten Auftrag.

Valeska und Philipp Schaudy
Radlalltag anderswo

Unglaublich für die meisten, aber wahr – Radfahren macht uns immer noch Spaß! Wir haben beschlossen, diese Reise zu unserem Lebensinhalt für fünf Jahre zu machen. 41.000 Kilometer haben wir nun, Ende Jänner 2009, zurückgelegt, seit unserem Start am 9. Oktober 2006 am Nordkap. Bisher sind wir durch Europa, Vorderasien, quer durch Afrika von Nord nach Süd, rund um Australien und durch Indien geradelt. Nie in der Absicht, Rekorde aufzustellen, aber mit Zielen; immer dort verweilend, wo es uns gefällt, dennoch mit einem Plan im Kopf; und einmal im Jahr länger pausierend, um Geld für die Weiterreise zu verdienen. Vor uns liegen die Straßen Asiens, Nord- und Südamerikas, noch ca. weitere 60.000 Kilometer. Radfahren ist für uns „der Weg", um Leute und Länder kennenzulernen. Ein Weg, der näher am Menschen und unmittelbar am Geschehen ist, der einen involviert, wo anders Reisende nur vorbeistreifen. Dass diese permanente „Close to"-Situation nicht nur erfreuliche Erlebnisse beschert, war uns vor dem Start klar – schließlich hatten wir beide schon einschlägige Erfahrung mit Fernradreisen. Bettelnde Kinderscharen im Schlepptau, Steinwürfe, Gegenden mit schießenden Banditen, der Natur immer und überall unvermittelt ausgesetzt …

Das Radfahren ist für uns zum Alltag geworden – allerdings könnten wir uns keinen spannenderen vorstellen. Alltag auch hinsichtlich des Faktums, dass wir nicht jeden Tag von Neuem grübeln und hinterfragen, ob das, was wir tun, Sinn macht. Und wir haben einiges vom Alltag und der Alltagsmobilität in den von uns besuchten Gegenden mitbekommen. Hier Ausschnitte aus unseren Tagebüchern:

Afrika
Auf einer Piste im Sudan, variierend zwischen Sand, Wellblech und Steinen. Gut zu fahren ist sie nie. Sieben Tage sind wir mit diesem Stück beschäftigt. Im Schnitt schaffen wir 64,4 Kilometer pro Tag – am schlechtesten gerade mal 40. Wir fahren, schieben, zerren die Räder durch die Wüste Richtung Süden.

Äthiopien. Kurz vor Gondar beginnt wieder Asphalt – oh Jubel, oh Freud! Kaum motorisierter Verkehr auf der Straße. Hier läuft man zu Fuß. Auch das Rad scheint noch nicht erfunden zu sein. Alles wird getragen. Die Baumstämme, Brennholz, Wasserkanister, der Pflug zum Feld, kleine Tiere, wie zum Beispiel Hennen zum Markt ins zehn Kilometer entfernte Dorf. Nur das Großvieh darf selber gehen. Herden von Kühen, Schafen und Ziegen werden über die und auf den Straßen getrieben. Auf der Landstraße unterwegs zu sein, ist mit einem Hindernislauf zu vergleichen. Plötzlich kommt uns ein Radfahrer entgegen. Bepackt wie wir und ebenso auf Weltreise ist Alvaro aus Spanien. Er nennt sich „Rad fahrender Clown" („Biciclown") und unterhält unterwegs kleine und große Kinder mit seinen Zauberkünsten – seine Strategie, mit den Leuten des Landes in Kontakt zu kommen. Erstaunlicherweise haben wir in dieser Woche schon drei Partien von Fahrrad-Weltenbummlern kennengelernt. Vor kurzem trafen wir das schweizerisch-deutsche Pärchen Kurt und Dorothee. Beide um die 50, seit neun Jahren per Velo unterwegs, in ein paar Monaten wollen sie zurück in Europa sein. Ebenfalls auf dem Heimweg – zurück nach England – ist Jason, den wir im Sudan getroffen haben. Er ist ein richtiger Freak – seit 13 Jahren ist er mit seinem Projekt beschäftigt – einmal um die Welt und das mit eigener Kraft! An Land per Rad und über die Ozeane im Tretboot! Wenn es über einen Fluss keine Brücke gibt, schwimmt er, denn Fähren sind für ihn tabu. Diese Langstreckenradler sind eine Inspiration für uns und der Beweis, dass es noch andere „Verrückte" gibt.

Über die Grenze nach Kenia. 534 Kilometer Schotterpiste von feinster kenianischer Machart, das ist der „Trans East African Highway". Grober Schotter, feiner Schotter, große Steine, kleine Steine, Sand und Staub. Mit dem Fahrrad ist die Strecke kaum zu befahren. An unserem schlechtesten Tag haben wir einen Schnitt von 6 km/h und abends gerade 50 Kilometer zurückgelegt. Dazu kommen permanent starker Gegenwind, hunderte von Tse-Tse-Fliegen, die uns in die Waden beißen, und die Hitze mit über 40 Grad.

Wir kommen in ein Dorf. Alles strömt zu Fuß oder mit dem Rad zum Markt. Auf die Fahrräder schnallt man Zuckerrohrstangen, Holzkohlesäcke, gackernde Hühner, ganze Bananenstauden. Manch einer fährt nur zum Einkaufen, jedoch ebenso bepackt: Mama sitzt vorne auf der Stange, die beiden Kinder sitzen auf dem gepolsterten Gepäckträger hinter dem kräftig in die Pedale tretenden Papa.

Kleine Kinder spielen auf der Straße mit selbst gebastelten Autos. Geformt aus Draht, rollend auf bunten Rädern aus Verschlüssen von Plastikflaschen. Ein größerer Schuljunge fährt stolz auf einem Fahrrad aus Holz.

Manchmal wird es eng, wenn ein Bus glaubt, einen entgegenkommenden LKW überholen zu müssen, obwohl wir gerade von einem Minibus überholt werden. Aber generell verhält sich der Schwerverkehr uns gegenüber sehr fair und es wird großräumig ausgewichen, aus den Fenstern gewunken und lachend der Daumen nach oben herausgestreckt.

Malawi ist grün und fruchtbar und, wenn wir vom Seeufer des riesigen Malawisees wegfahren, auch sehr gebirgig. Kaum motorisierter Verkehr, die Straßen sind ein einziger Radweg! Ja, wir sind wieder in einem der ärmsten Länder Afrikas unterwegs. Aber nicht nur vom Verkehrsaufkommen distanziert sich Malawi von Tansania und Kenia. Seitdem wir Äthiopien hinter uns gelassen haben, laufen „endlich" wieder hysterisch schreiende Kinder mit „Giv-e-me! Giv-e-me money!!" an die Straße und hinter den Rädern her. Manchmal ist es fast zu viel ... Sobald die Leute allerdings über das Kindesalter hinausgewachsen sind, sind sie extrem freundlich, hilfsbereit, ... einfach nett.

Australiens Ostküste
Radwege und -streifen sind in Australien so gut wie nicht existent. Die meiste Zeit ist ohnehin kein Verkehr. Doch wenn die Straßen voller sind, gilt für viele Autofahrer das ungeschriebene Gesetz des Stärkeren, und sie tendieren dazu, uns sehr knapp zu überholen. Was uns im Gegenzug dazu bewegt, auf unserm Recht zu beharren, dass uns die halbe linke Spur gehört – was wiederum den Verkehr blockiert, da jeder, der uns überholen will, eine freie rechte Spur braucht, um ausscheren zu können. Wie auch immer, es passieren Wunder, und plötzlich gibt es einen Radweg – meist entlang von Stränden und manchmal sogar in Städten. Eine perfekte kleine Straße für Radler, jedoch die Auf- und Abfahrten, wenn man Straßen zu queren hat, sind nur im Schleichgang zu bewältigen, da sie viel zu steil sind oder überhaupt über eine Gehsteigkante führen – und natürlich haben alle Autos im Querverkehr Vorrang. Kein einziger Radweg ist ausgeschildert, deshalb müssen wir ständig Leute fragen. Der Weg teilt sich in drei verschiedene Richtungen ohne irgendeine Be-

schilderung. Und natürlich ist jetzt wieder niemand hier, den man fragen könnte. Es ist zum aus der Haut fahren!

Die Radwege (wenn man es schafft, sie nicht zu verlieren) „enden" oder „verlaufen sich" letztendlich irgendwo im dichten Verkehr, und wir finden uns in Gegenden, wieder, in die wir nie wollten oder haben durch die Zick-Zack-Irrfahrt komplett die Orientierung verloren. Die einzigen Straßen, auf denen „Radwege" funktionieren, sind Autobahnen. Auf diesen ist es – komisch, aber wahr – erlaubt, zu radeln. Auf allen Autobahnen der Welt gibt es Pannenstreifen. Hier sind sie als Radwege ausgeschildert und tragen sogar aufgemalte Fahrräder auf dem Asphalt. Perfekt! Und man kann sich auch nicht verfahren, denn die Richtung ist wirklich eindeutig :-) Aber dann hört die Autobahn auf und die Straße ist wieder schmal – natürlich gibt es jetzt auch keinen Pannen ... äh ... Radstreifen mehr – meistens nicht einmal eine ausreichend breite Schulter, auf der man fahren könnte. Uns ist klar, warum hier niemand Fahrrad fährt – nicht einmal rund um die Universitäten oder in den Innenstädten.

Im Nordwesten Australiens

In Kununurra, dem letzten Ort bevor es in den Schotter (der Gibb River Road) geht, bunkern wir Lebensmittel für zehn Tage und senden (mit einer Touristengruppe) Proviant für weitere zehn Tage zum einzigen Roadhouse in der Mitte der Strecke. Kaum haben wir den Asphalt verlassen, erwarten uns Sand, Wellblech und vor allem Staub. Freundlich winken Fahrer und Beifahrer, wenn sie in ihren 4X4-Fahrzeugen an uns vorbeidonnern, uns in eine dicke orange Wolke hüllen und Steine bis an den Kopf schleudern. 90 Prozent aller Fahrzeuge bremsen keinen km/h herunter, wenn sie vorbeifahren. Das Verhalten auf der Straße schwächeren Verkehrsteilnehmern gegenüber ist in ganz Australien sehr rüpelhaft. Hier auf der Piste ist es am schlimmsten – uns unverständlich! Zum Glück nimmt die Verkehrsdichte ab. Dennoch ist diese unasphaltierte Strecke mühsam und wir hoppeln langsam dahin.

Die Natur um uns lässt uns allerdings jede Strapaze vergessen. Flaschenbäume neben der Straße, Hügel und Felswände in rot-orange. Fast täglich kommen wir an Schluchten vorbei bzw. machen wir Abstecher dorthin. Steile Wände, klares sprudelndes Wasser, gesäumt von Palmen – kleine Oasen im heißen, trockenen Nordwesten Australiens. Wasserbecken laden zum Schwimmen und Abkühlen ein und Wasserfälle massieren unsere Schultern. Oft sind wir völlig alleine, schwimmen lange durch Schluchten und entdecken wunderschöne Winkel. Wir zelten an kleinen Bächen neben Palmen, springen zum Ausklang des Tages noch einmal ins Wasser und sitzen abends lange am wärmenden Lagerfeuer, da es nachts bis auf wenige Grade über null abkühlt.

Indien

Jayesh, unser Freund in Trivandrum, holt uns – nach einem langen Flug von Australien nach Indien – am Flughafen ab und hat für uns eine Unterkunft organisiert. Wäre er nicht hier gewesen, wir hätten dem Taxifahrer nie geglaubt, dass wir in die richtige Richtung, sprich Innenstadt, fahren – schmale, unbeleuchtete Gassen, in denen Pfützen stehen und Müll in den Ecken liegt. Wir bleiben zwei Tage, bevor wir aufbrechen. Die Räder gehören wieder zusammengebaut und wir genießen unsere ersten Eindrücke in Indien – Menschengewühl, fremde Gerüche, bunte Farben, Tempel und das phantastische Essen! Dann starten wir Richtung Norden.

Wer am lautesten hupt, gewinnt, beziehungsweise überlebt. Das ist die Verkehrsregel Nr. 1 auf Indiens Straßen. Alles fährt buchstäblich kreuz und quer. Überladene Lkws, klapprige Busse, kleine Pkws, Motor-Rikschas und Pferdekutschen. Überholt wird am liebsten in Dreierreihen in der Kurve. Erstaunlicherweise geht es sich meistens irgendwie aus. Über die Kreuzung rollt ein Bettler. Er hat keine Beine, so sitzt er auf einem Brett mit alten Kugellagern als Räder dran, das er mit den Armen vorwärts treibt. Durch den Straßenstaub und Schmutz. Wasserbüffel werden an ihm vorbei aufs Feld getrieben. Er ruft „Happy Journey", als wir auf unseren bepackten Fahrrädern vorbeirollen. An langsameren Verkehr ist man hier gewöhnt, und zum Glück ist auch der schnelle Verkehr nicht sonderlich schnell. Allerdings sind hier im Süden Indiens kaum Fahrräder zu sehen – widersprüchlich zum Klischee, dass Indien ein Fahrradland sei? Ob man so wenig Radfahrer sieht, weil der Süden ein reicher Landesteil ist, oder ob die Räder in Indien wirklich am Aussterben sind, werden wir in den nächsten Wochen herausfinden …

Die Ehrgeizige

Andrea Stanitznig
Ein Leben im Sattel

„Rad fahren ist nicht gleich Rad fahren", meint Christine „Tini" Pölzl und lehnt sich zurück. Widersprechen gilt nicht. Mit ihren rüstigen 80 Lenzen weiß Tini nämlich ganz genau, wovon sie spricht. Fast ihr ganzes Leben lang ist ihr geliebtes Waffenrad ein Teil von ihr. Und sie weiß deshalb, dass es zwei Kategorien von Radfahrern gibt: Die Sportler, die mit ihren modernen Mountainbikes kreuz und quer durch die steirische Hügellandschaft unterwegs sind. Und dann gibt es noch die Radler, die sich ganz ohne sportliche Hintergedanken in den Sattel schwingen. Sie gehört zu Zweiteren. „Ich denke mir nichts beim Radfahren, ich fahre einfach."

Mit bis zu 40 Kilogramm Last auf dem Gepäckträger und unzähligen mit Einkäufen oder Krimskrams gefüllten Plasticksackerln, die von jeder nur erdenklichen Aufhängemöglichkeit baumeln, ist die radelnde Zeitungsausträgerin durch den „Großraum" Zettling unterwegs. Allein ihre morgendliche Von-Haus-zu-Haus-Strecke ist 20 Kilometer lang. Und auch alle restlichen Wege, die über den Tag anfallen, werden auf zwei Rädern absolviert. Insgesamt dürfte sie in ihrem Leben rund eine Million Kilometer gefahren sein. „Ich liefere seit 60 Jahren Zeitungen aus. An jedem einzelnen Tag. Da erlebt man im Sattel schon einiges", lacht Tini und taucht in ihre Erinnerungen ab.

Ja, damals, in den 40ern, da hatte das Rad noch einen anderen Stellenwert als es heute hat. „Für uns ist es immer ein Fortbewegungsmittel gewesen. So selbstverständlich, wie sich die Leute heutzutage ins Auto setzen, so selbstverständlich haben wir uns immer aufs Rad gesetzt." Und damals wusste man sich auch zu helfen: Wenn es einmal zu steil aufwärts ging und der Gepäckträger vollbepackt war, musste eben der Milchwagen zu Hilfe kommen. „Wenn der meine Tour gekreuzt hat, habe ich mich einfach hinten drangehängt und mich ziehen lassen".
Und auch bei schlechtem Wetter oder im Winter wurde das Fahrrad nicht im Keller verstaut. „Bei Regen oder

Schnee schiebe ich es eben neben mir her. Das ist immer noch einfacher, als Einkäufe zu tragen." Und dann waren da noch die „Weiberausflüge": Samt Schwägerin und Freundinnen wurde regelmäßig ins Blaue geradelt statt, wie heute, in Kaffeehäusern zu sitzen. „Wie gesagt, wir hatten kein Auto. Aber eigentlich hat uns das auch nicht gestört. Wir hatten ja unsere Räder."

Übrigens: Nicht nur Tini selbst, sondern auch ihr geliebter Drahtesel ist ein wahres Unikat. Das alte Waffenrad – Baujahr unbekannt – hat sie vor einer halben Ewigkeit gebraucht erstanden. Wird etwas kaputt, wird am Fetzenmarkt nach günstigen Ersatzteilen gesucht. „Ich kann alles selbst einbauen", meint die Besitzerin stolz und deutet auf ihr kunterbunt geflicktes und gepicktes Schmuckstück. Von modernen und dementsprechend teuren Modellen hält sie wenig. „Das ist doch alles nicht notwendig. Ich habe nie ein ganz neuwertiges gekauft und bin in meinem Leben auch mit drei Fahrrädern ausgekommen", winkt Tini ab. Wer Rad fahren will, der braucht ihrer Meinung nach keine 21 Gänge, sondern einfach die Liebe zum Zweirad.

Auch wenn die 80-Jährige für ihr stattliches Alter bewundernswert rüstig ist („Das habe ich nur dem In-die-Pedale-treten zu verdanken"), stellt sich doch die Frage, wie lange sie noch auf zwei Rädern unterwegs sein will. Sie selbst hat sich ebenfalls schon Gedanken darüber gemacht. Und ist zu einer ganz einfachen Antwort gelangt: „Ich will ehrlich sein. Mich bekommt man erst aus dem Sattel, wenn ich tot davon herunterfalle."

Werner Schandor
Kunsters Kosmos

Eine Fahrradwerkstätte seines Vertrauens zu finden, ist gar nicht so einfach. Die eine liegt ab vom Schuss; bei der anderen wird man angestänkert, wenn man das defekte Rücklicht (Standlichtautomat) reparieren lassen will (wörtlich: „Bin ich denn Elektriker?!"); die dritte ist so überlaufen, dass einem auch bei kleinen Eingriffen allen Ernstes zugemutet wird, eine ganze Woche ohne den Drahtesel auszukommen; und bei der vierten schließlich sind nur Dilettanten am Werk, da kann man drei Mal hingehen, die schaffen es nicht, den Kettenwerfer richtig einzustellen und zu fixieren. – Wie gut ist es da, dass es die Werkstatt des Herrn Kunster gibt, wo einem Pedalisten in Not rasch und kompetent geholfen wird!

Kunsters Werkstatt liegt in einem Innenhof in der Grazer Mondscheingasse. Die Grazer Innenhöfe sind ja Welten für sich. So ist auch die Werkstatt des Werner Kunster ein eigener Kosmos, ein „Universum spezial" mit dem Titel: Der letzte Hort der guten, alten Fahrradmechanik. Hat man einmal den Weg dorthin gefunden, wird man beim nächsten Mal vom milden, diffusen Licht förmlich in den Hof gesaugt, in dem die Werkstatt liegt.

Die Übergabe des defekten und die Abholung des reparierten Fahrrades passiert meist vor den heiligen

Hallen Kunsters, nämlich im Freien vor der Werkstatt, wo die Fahrräder der Kunden parken. Herr Kunster sagt einem, wie lange die Reparatur dauern wird und was sie ungefähr kosten wird. Für gewöhnlich bekommt man sein Rad schneller als erhofft wieder und zahlt für die Heilung weniger als erwartet. Das ist auch ein Grund, warum sich diese Werkstatt unter Grazer Radlern so großer Beliebtheit erfreut, und warum wir den Tag fürchten, an dem Herr Kunster sich in den Ruhestand begeben wird.

Als passionierter Amateurfotograf hat es mich schon lange gereizt, Herrn Kunster bei der Arbeit zu fotografieren, solange er ihr noch nachgeht. In dieser Umgebung könnten gute Bilder entstehen, dachte ich, inmitten der Patina der kleinen Werkstatt, wo Fahrradöl die Wände geschwärzt hat und alte Fahrradschläuche und -reifen vor der Werkstatttür zu einer Skulptur aufgetürmt sind wie ein Readymade der Sanften Mobilität.

Im Juni 2008 habe ich es dann endlich gewagt, Herrn Kunster zu fragen, ob ich ihn mit der Kamera in der Werkstatt besuchen dürfe. Ich fürchtete, womöglich aufdringlich zu wirken, aber siehe da: Der Mechaniker war erfreut über die Aufmerksamkeit, die ihm zuteil wurde. Und er outete sich ebenfalls als Amateurfotograf, wenn auch a. D.

Dereinst habe er bei einem Fotowettbewerb einer Handelskette sogar einen Preis gewonnen, erzählt Kunster. „Drei Bilder habe ich eingeschickt. Dann habe ich die Benachrichtigung bekommen, dass ich unter die Besten gekommen bin, und dass die Siegerbilder in der Firmenzentrale in Wien ausgestellt werden." Dass er nicht nach Wien gefahren ist, um die Ausstellung anzuschauen, reue ihn bis heute. Zu gerne hätte er nämlich erfahren, mit welchem der drei Bilder er den Preis gemacht hat, räsoniert er, während er sich das erste Rad vorknöpft.

Ich gehöre einer Generation an, die noch nicht gänzlich aufs Wegwerfen kaputter Dinge fixiert ist. Als Kind habe ich sämtliche Patschen und andere Defekte an meinem Rad selbst repariert, Achsbruch und Schäden am Kugellager ausgenommen. Aber als ich Herrn Kunster als Meister seines Fachs so zuschaue, wird mir wieder klar, warum es für einen Erwachsenen mit knappem Zeitbudget völlig sinnlos ist, derlei Mühen auf sich zu nehmen. Wenn Kunster einen Patschen

flickt, dann dauert das ganze Zeremoniell ungefähr zehn Minuten, und am Ende ist nicht nur der Patschen geflickt, sondern gleich auch der Achter aus der betreffenden Felge rausgedreht worden. Selbst wenn ich die gleichen Werkzeuge zur Hand hätte, würde ich bei dieser Arbeit unter eineinhalb Stunden nicht davonkommen, und ich würde fluchen, mir die Hände aufschürfen und wäre letztlich nervlich und körperlich verausgabt. Bei Kunster dagegen schaut so ein Standardeingriff total leicht aus, der neue Schlauch fügt sich wie von selbst in den Mantel, jeder Handgriff sitzt, und hast du's nicht gesehen, dreht sich das aufgepumpte Laufrad schon wieder um die eigene Achse.
Bei der Arbeit ist Kunster ganz bei der Sache, wirkt konzentriert und entspannt zugleich. Dazwischen erzählt er mir die Stationen seines Berufslebens: In den späten 1950er-Jahren Fahrradmechanikerlehre in der Leonhardstraße, später Wechsel in die Mondscheingasse, Übernahme der Werkstatt in der Mondscheingasse in den 1980er-Jahren. Und dass er der letzte gelernte Fahrradmechaniker der Steiermark ist, der noch arbeitet, erwähnt er auch, denn den Lehrberuf Fahrradmechaniker gäbe es seit den 1960ern nicht mehr.
50 Jahre lang repariert Herr Kunster also schon Fahrräder, es müssen mittlerweile Zehntausende sein, die er wieder auf Trab gebracht hat. Von den Arbeitsjahren her könnte der 65-Jährige längst in Pension gehen, aber er ist nicht der Mensch, der zu Hause sitzen und

Däumchen drehen will. Seine Werkstatt ist schließlich nicht nur Werkstatt, sondern auch ein Treffpunkt, wo Herr Kunster von alten Freunden und Bekannten besucht wird. Als ich bei ihm bin, genießt er es, meine Anwesenheit zu erklären, wobei er ein wenig flunkert: „Der Herr interviewt und fotografiert mich, weil er ein Buch über mein Leben schreiben will." Herr Kunster kostet das ungläubige Staunen seines Freundes aus, der auf einen Sprung vorbeischaut.

Ein Buch wird's zwar nicht, aber ich finde es gut, dass auf diese Weise zumindest ein kurzer Text über ihn in einem Buch erscheint – als kleines Dankeschön für die schnellen Reparaturen und für die netten Stunden, die ich im Sommer 2008 in seiner einzigartigen Werkstatt verbringen durfte.

Heidi Schmitt
Wo viel Licht ist, …
Radlerdisziplin auf dem Prüfstand

Da staunte die Polizistin nicht schlecht. Der Radler kam ohne Licht, dafür mit einer Dose Bier in der Hand daher. Anhaltung. Wie es denn ums Licht bestellt sei, fragte die Inspektorin. *„Ah ja, Entschuldigung, ich hab eh eins dabei."* Sprach's, leerte die Dose und kramte gut gelaunt eine winzige Taschenlampe mit schwächlichem Licht aus der Jackentasche. *„Was haben Sie denn getrunken?"* – *„Noch nicht viel heute, so fünf, sechs Bier."* – *„Dann werden wir blasen müssen."* – Das Vortestgerät zeigte 0,75 Promille. Der Radler freute sich, schaltete die Notbeleuchtung ein und durfte weiterfahren.

Natürlich ein Extremfall. Doch man erlebt schon einiges mit RadlerInnen, vor allem, wenn es um die Ausstattung ihrer Gefährte geht.* Rund die Hälfte glaubt, ganz oder teilweise aufs Licht verzichten zu können, und jene, die eines mit sich führen, tun dies mitunter in abenteuerlicher Weise. Da blinkt es rot an der Gesäßtasche, kreist analog der Pedalbewegung an einem

---

* Die ARGUS Radlobby führt seit 2006 gemeinsam mit der Polizei und Mechanikern von Bicycle regelmäßig „Licht- und Technik-Checks" in Graz durch, die vom Verkehrsressort des Landes und von der Stadt unterstützt werden. Ziel ist die Hebung des Bewusstseins um die Fahrradausrüstung im Sinne der Verkehrssicherheit.

Bein oder leuchtet weiß an der Stirn oder am Gurt der Umhängtasche, allerdings manchmal nach oben leuchtend und wohl nur für Außerirdische sichtbar. *„Aber ich hab' doch ein Licht!"*, empört sich eine Kontrollierte – dabei ist dieses an der Sattelstütze angebracht und von der im Korb liegenden Tasche so verdeckt, dass es nur nach einer Suchaktion zu finden ist.

Erstaunlich, dass die Mode- und Schmuckindustrie die Leuchtdiode noch nicht entdeckt hat. Hier wenigstens sind die Grazer RadlerInnen ihrer Zeit voraus: Wie ein leuchtendes Rubincollier getragen, prangt ein rotes Licht am Bande oder es erstrahlt eine weiße Lampe wie ein glitzernder Bergkristall am Hals. Auch Lämpchen in der Stickerei der Hose gibt es, dazu Blinkarmbänder. All diese Accessoires sind hübsch, aber natürlich als einzige Lichtquelle nicht wirklich korrekt. *„Ah so?"*, gibt es meist überrascht zur Antwort.

Legendär sind die Ausreden. *„Heute ist es ausnahmsweise später geworden – daheim habe ich ja ein Licht."* oder: *„Ich wollte schon Batterien kaufen, aber ich komme einfach nicht dazu."* Oder der Dauerbrenner: *„Gerade früher ist es noch gegangen."* – auch wenn sich schon bei flüchtigem Hinschauen zeigt, dass längst der Rost den Kabelrest angenagt hat. Bei manchen Rädern nimmt es wunder, dass sie überhaupt noch fahren. Bei antiken Exemplaren (obwohl Leonardo da Vinci das Fahrrad definitiv nicht erfunden hat, Anm.) montiert man Reflektoren immer mit der Befürchtung, die dünnen, rostigen Speichen könnten zerbrechen. Als ob die Ketten noch nie in ihrem langen Leben einen Tropfen Öl gesehen hätten, die Pneus flach wie Flundern, die Kotbleche, so vorhanden, quietschend und klappernd. Da ist es schon passiert, dass ein Radler nur deshalb im dynamischen Wiegetritt daherkam, weil er ohne Sattel unterwegs war. Einige wiederum verblüffen durch verwegene Bremstechniken – ohne jegliche Bremsanlage muss man diese auch entwickeln. *„Ich wohne ja gleich zwei Straßen weiter",* lautet die Entschuldigung.

Einigermaßen originell war auch die Antwort eines handyfonierenden Radlers auf die Frage des kontrollierenden Polizisten, wie er sich das Handzeichengeben vorstelle: *„Ich fahre eh nur geradeaus."*

Mehrere werden angesichts der weithin sichtbaren Kontrolleure plötzlich zu Rad schiebenden Fußgängern oder kreuzen auf die andere Straßenseite, wiederum andere nutzen die Gelegenheit für eine Gratisreparatur – und kommen immer wieder, mit den Rädern der ganzen Familie auf dem Autodachträger.

Wir, die „Missionare des Lichts", sind auf dem Posten mit guten Tipps, Reflektoren und Schokis für die Braven. Funktionierendes Licht und funktionierende Bremsen machen Sinn, im eigenen Interesse, beten wir vor.

Irgendwie wird man den Eindruck nicht los, die Grazer RadlerInnen haben ein eher schlampiges Verhältnis zu ihren Vehikeln. Das Radputzen und Selberwarten ist wohl eine seltene Veranstaltung – kein Vergleich zu den „Carlovers" mit Abo in der „Autowasch-Arena" (zwei tatsächliche Adressen in Puntigam). Freilich gibt es auch Ausnahmen: Velophile Schrauber und Schrubber (in der Regel Männer), die im Ausleben ihrer Passion das Pendant zu den „Pufferküssern" am Schienenfahrzeuge-Sektor sind.

Die Kreativeren der Grazer Szene trifft man in der Fahrradküche, einer Selbsthilfewerkstatt, wo man Radkultur pflegt und sich einmal die Woche zum kollektiven Montieren einfindet. Hier sind durchaus Frauen anzutreffen, aber auch eher in der Minderheit. Tallbikes, Transportfahrräder, Fixies oder Fahrradanhänger usw. werden hier kreiert oder ganz normale Radreparaturen durchgeführt. Ein Hort optischer Genüsse ist das Cruiser-Geschäft am Glacis. Was es da an chromblitzenden coolen Teilen gibt!

Aber, wie gesagt, derart liebevolle Beziehungen zum Drahtesel sind die Ausnahme.

Zurück zum Einsatz in der Dämmerung: Wichtig sind uns auch die Sozialkontakte, die sich ergeben. Die meisten sind nach dem ersten kurzen Schreck ja froh, dass es sich eh um kein Planquadrat mit harten Sanktionen handelt, und sind – außer, sie sind im Terminstress – gerne bereit zu einem Austausch. Damit ist nicht ein zwischengeschlechtlicher gemeint, aber auch solche sollen sich schon ergeben haben… Man lernt verschiedene RadlerInnen kennen, ihre Gepflogenheiten, ihre Anliegen und Ideen, glaubt verschiedene Muster zu entdecken, etwa dass die Lichtdisziplin an der Bertha-von-Suttner-Brücke besser ist als am Lendplatz.

Kennt man die Codes und Strategien der RadlerInnen, lässt sich auch dieses deviante Verhalten deuten. Der Grad der Lichtdisziplin hängt wohl damit zusammen, wie viel Licht man wirklich braucht, und da ist es ein Unterschied, ob man auf dem schlecht bis gar nicht beleuchteten Murradweg nach Süden unterwegs ist, oder ob man durch die City über den Lendplatz kreuzt.

Was bis zu einem gewissen Grad auch die Undiszipliniertheit, oder sagen wir: die Tendenz zu leichten Regelverstößen, erklärt. RadlerInnen richten sich nach den realen Gegebenheiten im Verkehr, suchen sich dort, wo es geht, ihre Vorteile, flüchten dort, wo es brenzlig wird, auf den Gehsteig, üben sich in der Regel in hohem Maß in Selbstverantwortung, weil sie wissen, dass sie im Ernstfall den Kürzeren ziehen.

Weil sie flexibel und anpassungsfähig sind (vielleicht auch bald in Sachen mehr Licht!), kleben sie nicht unbedingt an Gesetzestexten und Vorschriften, die ohnedies aus dem Jahre Schnee und nur für Kfz-LenkerInnen gemacht sind. Aus dieser leicht anarchistischen Ader heraus ergeben sich dann – im Verein mit einem gewissen Prozentsatz tatsächlich rücksichtsloser schwarzer Schafe, wie es sie halt leider unter allen Spezies von VerkehrsteilnehmerInnen gibt – Reibereien mit der Obrigkeit und anderen StraßenbenützerInnen, sodass sich ein ambivalentes Stereotyp in der öffentlichen und veröffentlichten Meinung eingegraben hat: RadlerInnen sind zwar sportlich, umweltbewusst und sympathisch, aber gleichzeitig rücksichts- und disziplinlos.

Dann kommt noch, möchte ich behaupten, ein gewisser Neid mancher Motorisierter dazu: Sie wollen nicht einsehen, warum sich ein „Habenichts" (gegenüber einem viel Steuer bezahlenden Besitzer eines teuren Autos) herausnehmen kann, was einem selbst, dem der Führerschein so sehr ans Herz gewachsen ist, verwehrt bleibt. Freilich können die Freiheiten, die sich RadlerInnen einfach nehmen, auch als Reaktion auf eine subjektiv empfundene Schlechterstellung gedeutet werden.

Im Zweifelsfall würde ich mich aber der Meinung jenes über lange Jahre aktiven Verkehrssicherheitsexperten anschließen, der mir jüngst – unter vorgehaltener Hand – sein eigenes Radler-Motto verraten hat: *„Oftmals ist Disziplinlosigkeit eben die kreativere Lösung."*

Klaus Höfler
Geständnis eines „Ausgenommenen"

Ich hasse Radfahrer! Wenn sie so vor der Stoßstange herumschlingern, den Weg partout nicht freigeben wollen für die hupende Autoschlange hinter ihnen. Selbstverliebt die halbe Straße blockieren, in einem Tempo dahintümpeln, dass man eigentlich gleich zu Fuß gehen könnte. Dazu in jeder noch so engen Einbahnstraße diese Geisterfahrer-Attacken unter dem Deckmantel der „Ausgenommen Radfahrer"-Amnestie. Echt nervig!
Und erst bei Regen: Die eine Hand am Lenker und dort an einer – dank Nässe – ohnehin dilettierenden Backenbremse; in der anderen Hand ein von Windstössen gehäutetes Regenschirmskelett. Jedes Abbiegemanöver mutiert zum Himmelfahrtskommando, jede Pfütze zur Aquaplaning-Falle. Schlimmer geht's nimmer!
Oder im Winter: Eingepackt in Hauben und Kapuzen, die das Sichtfeld auf die Breite eines Bierdeckels schrumpfen lassen, eiern die Hardcore-Strampler durch Matsch und Flocken, rutschen auf Zebrastreifen, schleudern über Straßenbahngeleisen und glauben, ganz besonders harte Hunde zu sein. Schmarren! Wandelnde Unfallursachen sind sie. Eine Gefahr für Leib, Leben und Lieblingskarosse. Also mir können sie gestohlen bleiben, diese Radfahrer!
Solange ich nicht selbst im Sattel sitze.

Dann nämlich werde ich zum unerbittlichen Pedalo-Fundamentalisten. Dann bin ich der ungekrönte König der Straße, der Velo-Mudschaheddin, der ungebremste Vorrang-Ritter. Dann hat sich mir alles unterzuordnen – entweder, weil mir das „Ausgenommen Radfahrer"-Taferl das Recht dazu gibt: Gegen die Einbahn, in Fußgängerzonen oder auf (kombiniert benutzbaren) Gehsteigen zu strampeln. Oder aus Mitleid. Weil man als Radfahrer halt zum schwachen (Straßenverkehrs-)Geschlecht und damit geschützt, zumindest aber bevorzugt behandelt gehört. Oder weil man sich einfach die Freiheit des Unregelbaren nimmt. „Ausgenommen Radfahrer" steht ja nicht umsonst auf all den Gebots- und Verbotstafeln, die die Verkehrsströme leiten. Und ich gestehe: Es lebt sich ganz prächtig im gesetzlosen Raum. Als Anarcho-Hardliner. Als Sattel-Rowdy, für den alles gilt – nur keine Regeln. Denn – ihr lieben Radfahrer da draußen: Sind wir uns ehrlich! Wenn man sich an all die Vorschriften, Verbote und Verunmöglichungen halten würde, könnte man ja Spinnweben zwischen den Speichen züchten. Dabei heißt es ja immer noch Rad FAHREN und nicht Rad STEHEN.
Also weg mit dem Korsett der Straßenverkehrsordnung, her mit dem Recht des Schnelleren!

Und das sind wir Radler immer noch. Da eine Lücke zwischen dahinstauenden Kolonnen, dort eine Abkürzung durch parkende Autos. Irgendwo geht's immer noch ein Stück weiter. Bis man ganz vorne ist. Wer steht, verliert. So werden mit ein bisschen Übung und dem nötigen Maß an Unverfrorenheit irgendwann auch rote Ampeln nur mehr zu einem gut gemeinten Tipp, zumindest kurz das Tempo zu reduzieren, bevor man in die Kreuzung einfährt.

Auch Fußgängerzonen lassen sich ab einer gewissen Mindestgeschwindigkeit fast barrierefrei durchbrausen, weil selbst konfliktfreudigste Fußgänger-Emanzen im letzten Moment zur Seite springen, bevor sie gnadenlos niedergecheckt werden. Derart lassen sich immer neue Streckenrekorde aufstellen. Sei es, man wählt einen Short-cut durch einen städtischen Park, sei es durch die kurzzeitige Vereinnahmung eines Gehsteigs. Oder einfach nur im Windschatten einer Straßenbahn durch die Einkaufsmeile. Nichts und niemand kann einen bremsen. Auch die nächtliche Finsternis nicht. Gerade sie nicht – sofern man unbeleuchtet durch Fußgängerzonen, Grünflächen oder Gasserln sprintet. Die im Dunkeln sieht man nämlich nicht. Geschweige denn, dass man sie zu fassen kriegt.

Hupt da wer? Nur weil man wieder einmal rechts an einer dahinröchelnden Autoschlange vorbeigeradelt ist. Schimpft da wer? Nur weil man sich in der Fußgängerzone durch eine Gruppe von Passanten gesprengt hat.

Das alles darf man nicht? Das alles kann man ja nicht machen? Richtig! Und gerade deswegen muss es ir-

gendwer tun. Denn wer sich immer an die Regeln hält, konserviert das Mittelmaß, lähmt die Entwicklung. Limits sind da, um gebrochen zu werden. Schlag nach bei Adam und Eva (oder – im Sinne, Unmögliches möglich zu machen – den Schaudys, Seite 113ff).
An dieser Stelle könnte man eine ganze Latte einschlägiger lebensphilosophischer Weisheiten als rechtfertigendes Verhaltenscredo für den Outlaw abliefern. Von „Only the good die young!" über „No risk, no fun!" bis zu „Das Böse ist immer und überall!". Denn böse sind wir echten Urban-Cowboys, ja das stimmt. Scheren uns einen feuchten Stiefel um Regeln und Richtlinien. Nötigen die Konkurrenz hinter den Lenkrädern zu eindeutiger Fingergymnastik (entweder mit dem Zeigefinger an der Schläfe oder dem Nachbarfinger Richtung Himmel). Erzwingen erbostes Schimpfen und Toben unter verschreckten Fußgängern oder aufgeregtes Bellen von infarktgefährdeten Vierbeinern.
Als überzeugter „Extrem-Ausgenommener" können sie einen alle kreuzweise. Es ist die Endphase eines zum Scheitern verurteilten Beziehungsgeflechts, das von gegenseitiger Achtung ausgeht, sich in wechselseitige Verachtung auswächst und schließlich in offenem Hass mündet. Und man hasst sie über kurz oder lang alle: Die Autofahrer. Die Fußgänger. Die Hunde. Die Kinderwagen. Die anderen Radfahrer.
Wie bitte? Sie hassen Radfahrer wie mich? Recht haben Sie. Ärgern Sie sich nur. Nur wird es ihnen nichts helfen. Ich bin trotzdem schneller am Ziel. Ätsch!

Die Unbeschwerte

Jörg-Martin Willnauer
Auf dem Rad

Durch meinen Schatten
Fließt Asphalt.
Speichen sirren.
In Augenhöhe
Zittert die Mittagsluft.

Spuren von Salz
Auf der Stirn.
Trockene Lippen.
Jeden Windhauch
Und beide Lungenflügel
Wahrgenommen.

Gelbe Felder.
Entfernungen,
Grenzen
Und etwas vom Ich
Erfahren.

Leise Unbeschwertheit.
Und die Angst,
ein Autoficker
fährt dich
in Ideallinie
über den Haufen.

Colette M. Schmidt
Die gestohlene Freiheit oder:
Psychogramm eines Fahrraddiebes

Beim siebten mir gestohlenen Fahrrad – es wurde mir im Winter 2005/06 genommen – begann ich erstmals, ernsthaft über das Täterprofil jener Menschen nachzudenken, die mir immer wieder meine Freiheit auf zwei Rädern stehlen. Dass von mehreren Tätern auszugehen war, dessen war ich mir sicher. Auch wenn Graz eine überschaubar kleine Stadt ist und mir noch nirgendwo sonst ein Rad gestohlen wurde, reicht meine von lebhafter Fantasie angeheizte Paranoia doch nicht so weit, dass ich mir vorstellen kann, dass über etwa 20 Jahre hinweg mich ein und derselbe Fahrraddieb durch nicht weniger als acht Wohnsitze in drei Grazer Bezirken verfolgt. Also mehrere.

Wer also sind die Täter? Und welche Gemeinsamkeiten haben sie? Wissen sie wirklich, was sie mir jeweils antun, welche Zäsuren sie in einen an sich schon nicht reibungslosen Alltag hineinschlagen?

Dazu ein kurzer Exkurs, lieber Fahrraddieb, falls Sie diese Zeilen jemals lesen. Ein Exkurs zur Bedeutung, die der Drahtesel für mich hat, seit ich von einem bodennahen Dreiradler auf ein richtiges Rad aufstieg. Schon das erste Rad, das ich gebraucht von meiner Cousine in Kanada übernahm, nachdem es einige Jahre untätig an der Garagenwand meines Onkels hängen musste, wurde mir sofort zu einem erweiternden Modul des eignen Körpers. Es schenkte mir eine bis dato nicht gekannte Freiheit. Versuchen Sie doch mal, mit einem Dreiradler schnell davonzukommen, wenn es hart auf hart geht. Die Beschleunigung des Vorankommens, des Entkommens aus der Reichweite der Erwachsenen und die Erkenntnis, dass dieses Gerät irgendwie auf mysteriöse Weise mit dem eigenen Gehirn verbunden ist, faszinierten mich. Dass es mit dem eigenen Hirn verbunden war, bewies die Art, wie man es zu beherrschen lernte. Der Klassiker: Ein Erwachsener hielt das Gefährt am Gepäcksträger fest, während man versuchte, ohne Stützräder voranzukommen. So lange man dachte, gehalten zu werden, funktionierte das, auch wenn der Gangster von einem Erwachsenen einen längst ausgelassen hatte. Und um zu erkennen, dass sich Balance irgendwo zwischen den Ohren im Kopf abspielt, dazu braucht ein Kind auch keinen Neurowissenschaftler.

Dieses dunkelviolett schimmernde Rad, es war mein „Banana Bike", denn es hatte einen langgezogenen, weißen – eben bananenförmigen – Sitz, hatte mit meinem Gehirn Kontakt aufgenommen und reiste nun fast so schnell wie ein Gedanke mit mir durch die ruhigsten, kinderfreundlichsten Viertel meiner Geburtsstadt. Dort, wo die Gehsteige breit wie zweite kleine Straßen für uns Kinder viel Platz boten, um an sauberen Einfamilienhäusern vorbeizuzischen, war die Kriminalitätsrate gegen null. Dass irgendwo auf einem anderen

Kontinent eines Tages Menschen dazu fähig sein könnten, mir diese Freiheit einfach heimlich, hinterhältig und immer wieder zu stehlen, wäre mir ebenso wenig in den Sinn gekommen, wie die Sorge, Winnie the Pooh könnte in Wirklichkeit ein Kinder fressender (deswegen der dicke Bauch!) Serienkiller sein.

Nach meiner Ankunft in Österreich schaffte es ein einziges Fahrrad, mir nicht gestohlen zu werden. Ich war sieben, als ich mein erstes rot glänzendes Puch-Kinderfahrrad geschenkt bekam. Ein besonders liebenswertes Detail war ein kleines zotteliges weißes Hündchen (viel später assoziierte ich es eher mit Whisky-Flaschen), das als Aufkleber auf der Lenkstange befestigt war. Dieses Rad blieb mir, bis ich es als Erwachsene einem Nachbarskind weiterschenkte.

Doch dann begann die Zeit der Verluste – womit ich wieder zu Ihnen komme, Fahrraddieb. Eine Vorliebe für bestimmte Modelle, konnte ich bei Ihnen nie ausmachen. Sie räumten mir sämtliche gebrauchte und ein neu gekauftes Modell vor Wohnungen, Arztpraxen, Redaktionen, Hörsälen, abends vor einem Theater und immer wieder vor meiner Wohnung weg. Ja, sie alle waren abgesperrt, denn ich bin von Natur aus ein misstrauischer Mensch und mittlerweile traue ich auch Winnie the Pooh so einiges zu. Jedes Mal erschütterte mich neben dem finanziellen Verlust diese Anhaltung jeglicher Aktion mitten im Alltag, die Sie damit auslösten. Meine Termine zwischen den verschiedenen Lebensbereichen wie zunächst Uni und

Arbeit, später dann Kinder und Arbeit oder Kinder, Kinder und Arbeit, waren stets knapp bemessen, irgendwelche Pannen nicht vorgesehen. Zeit für einen Stau oder zum Parkplatzsuchen und Parkscheinausfüllen? Sicher nicht. Abgesehen davon will ich keine Giftpartikel in die Luft stoßen, wann immer ich mich fortbewege.

Ich versuchte den gemeinen Attacken zu entkommen. Ich schnallte meine Räder mit immer teureren, schwereren Schlössern an Radständer, Verkehrstafeln, Parkbänke, Zäune oder Hydranten, stellte sie im Stiegenhaus ab – umsonst. Als in den Achtzigern die Räder in Österreich plötzlich englischsprachig wurden, stieg ich vom altmodischen Damenrad auf ein sportliches Mountainbike für Herren um, das den Vorteil hatte, dass seine breiten Reifen nicht in Straßenbahnschienen stecken blieben. Ein Vorteil, den wohl auch andere zu schätzen wussten. Es hatte ein abnehmbares, batteriebetriebenes Licht. Dieses blieb mir nach einigen Monaten als einzige Erinnerung. Danach versuchte ich es mit einem etwas grazileren Citybike, das mir ebenso ans Herz wuchs. Weg! Nach nur sieben Wochen. Vor der Oper. Lieben Sie Klassik? Oder warten Sie, bis Sie wissen, dass die Vorstellung begonnen hat und Sie sicher mindestens zweieinhalb Stunden nicht von der Radbesitzerin gestört werden?

Tipps, wie jener, immer auch das Vorderrad mit dem Schloss mit abzuschließen, erwiesen sich als wenig hilfreich. Statt nur den Rahmen oder einen Reifen zu klauen, nahmen Sie so eben das ganze Ding – samt dem teuren Schloss. Ja aber wohin eigentlich? Was machen Sie mit meinen Rädern? Weiterverkaufen, damit fahren, in einen Fluss werfen, als Ersatzteillager verwenden? Oder werden Ihnen die Räder auch wieder gestohlen? Dann wäre so ein Rad doch etwas wie ein Kettenbrief. Ein tröstlicher Gedanke.

Oder gibt es irgendwo einen schaurigen Raum in irgendeinem Keller, in dem Sie einen „Colettes-Räder-Memorialroom" eingerichtet haben? Ein Keller wie in diesen Thrillern aus Amerika … oder eben wie unter einem österreichischen Einfamilienhaus irgendwo in Niederösterreich. Sind Sie ein Bastler?

Aber ich halte Sie eigentlich nicht für einen gänzlich bösen Menschen. Eine Beobachtung spricht nämlich sehr für Sie: Kein einziges meiner Räder wurde je gestohlen, so lange ich einen Kindersitz auf dem Gepäckträger hatte oder den Anhänger hinten dran, in dem ich jahrelang meine Töchter umherzog. Irgendwie müssen Sie ein Herz für Kinder haben. Das ehrt Sie, Fahrraddieb. Kaum allerdings montierte ich die Kinderutensilien ab, weil meine Mädels selbst ohne Erwachsenenhand am Gepäckträger zu fahren begannen: Weg!

Mein Sohn ist jetzt eineinhalb und im kommenden Frühling werde ich wieder den alten Sitz seiner Schwestern auf dem Gepäckträger montieren – Waffenstillstand, ok?

Einen Kollegen von Ihnen, Fahrraddieb, durfte ich übrigens im Vorjahr kennenlernen: Den viel seltener

vorkommenden Einraddieb. Meine Töchter haben nämlich beide innerhalb von mehreren sommerlichen Zirkusschulen, die sie besuchten, Einrad fahren gelernt und beide auch ein solches bekommen. Jenes der älteren hatten wir vor unserer Wohnungstüre im ersten Stock, wo nur wir wohnen, abgestellt. Als es eines Tages weg war, ärgerten und wunderten wir uns. Denn wer kann schon Einrad fahren? (Außer meine überaus talentierten Töchter natürlich.) Was sollte das? Wer muss ausgerechnet so etwas stehlen? Ich wünschte dem Einraddieb, dass er schon beim Versuch aufzusteigen auf die Nase fallen möge.
Wir hatten den Vorfall schon fast vergessen, außer in den wiederkehrenden Augenblicken, da meine Tochter fragte, wann ich ein neues Einrad zu kaufen gedenke, da läutete es eines Abends – Monate später – an unserer Wohnungstüre. Ich erschrak, als ich zwei Polizisten sah und zählte kurz im Geiste nach, ob alle meine Kinder zuhause wären. Doch halb hinter den Beamten versteckt machte ich einen Bruchteil einer Sekunde später einen jungen – durchaus hübsch und freundlich aussehenden – Mann aus. Und in seinen Händen: Das Einrad! In tadellosem Zustand! Der junge Mann entschuldigte sich höflich, erzählte, er habe einige Monate in der Sigmund-Freud-Klinik zugebracht und es ginge ihm nun besser. Davor aber habe er während eines akuten Schubs das Einrad vor unserer Tür geklaut. Er wolle es uns nun zurückbringen und mich bitten, von einer Anzeige abzusehen. Was

ich, um die Genesung des Mannes nicht zu gefährden, auch tat. So macht man das, Fahrraddieb!

Wer sich übrigens zumindest psychologische Unterstützung holen will, dem unbekannten Dieb des eigenen Fahrrades eine Nachricht hinterlassen möchte, mit anderen Opfern Kontakt aufnehmen will oder auch mit einem Finderlohn (kann etwa eine Kiste Bier sein) die Chance auf das Wiederauftauchen des Drahtesels erhöhen will, sollte auf die Website www.ifindmybike.net gehen! Die von einem Grazer eingerichtete Plattform ist ein virtueller Raum des kleinen Trostes, den nur die spenden können, die das Unrecht der gestohlenen Freiheit am eigenen Körper erlebten.

Trost spendet ja auch oft die Kunst. Und da gibt es einen schönen Film von Vittorio de Sica, der vor über 60 Jahren gedreht wurde. Er heißt „Ladri di biciclette – Fahrraddiebe". Und die Geschichte des römischen Tagelöhners Antonio Ricci, der versucht, seine Kinder vor Hunger zu bewahren, beweist: Jeder kann so schnell mit einem Fuß, oder eben einem Rad, im Kriminal landen – auch ohne moralische oder psychische Probleme. Antonio wird – nachdem ihm sein eigenes Fahrrad gestohlen wurde (ja: Täter sind oft auch Opfer) – zur Verzweiflungstat getrieben, selbst ein Rad zu stehlen.

Ich tröste mich manchmal mit dem Bild Antonios, wenn mir wieder ein Rad gestohlen wurde, und hauche dem Unsichtbaren nach: „Viel Glück! Aber vielleicht stehlen Sie das nächste Mal bitte mal ein Auto!"

Wolfgang Wehap
Emmas schnittige Sänfte.
Anfänge einer Radkarriere.

Als Emma zur Welt kam und im zarten Alter von elf Wochen ihren ersten größeren Radausflug erlebte, war der Grundstein gelegt. Ich als passionierter Radler – laut meiner Mutter muss das genetisch bedingt sein, weil mein Opa, weiland Oberwerksmeister bei Puch, auch ein großer Radler war – hätte mir ja nie gedacht, dass ich Kinderfahrradanhänger einmal tatsächlich in der Praxis testen würde. In der Theorie habe ich ja oft darüber geschrieben, auch darüber, dass die praktischen Transporter in der Steiermark de jure erst ab 2001 erlaubt waren, weil davor eine erforderliche Einzeltypisierung, für die es aber grundsätzlich kein Okay der Prüfstelle gab, eine legale Benutzung verhinderte. Und das zu einer Zeit, als viele Vorarlberger Gemeinden bereits den Ankauf förderten. (Soviel zum Thema seltsame Blüten des Föderalismus.)
Ein Kinderfahrradsitz kam für mich nie in Frage. Also ein Anhänger, im elterlichen Jargon kurz „Hänger". Nicht billig, aber schnittig und komfortabel war er, der Chariot Cougar-1 – „eins" für Einsitzer, denn ein Zweisitzer hätte sich infolge abgeschlossener Familienplanung ohnedies nicht amortisiert. Erstanden bei Bicycle, waren wechselweise Ulli oder ich mit Klein-Emma als Passagierin im Schlepptau unterwegs, zur

Tagesmutter, auf den Lend-Markt, zum Mini-Gottesdienst, zum Kernölkaufen nach Kalsdorf, auf Tour mit FreundInnen. Ab und zu wurde und wird er auch zweckentfremdet, wenn sein Stauraum – ohne Passagierin – für einen größeren Einkauf herhalten muss.
In der Stadt machen überholende Kfz brav einen weiten Bogen um unser mittels Wimpel augenfälliger gemachtes Gespann. Über Land pflügen Emma und ich regelrecht durch Wälder und Felder. Die Zuwaage hinten fällt dabei kaum ins Gewicht, außer es geht bergauf. Der einzige Nachteil, der mir einfällt: Die Kommunikation ist etwas schwierig. Ist der Nachwuchs unruhig, bedarf es oft serieller Kurzstopps, um die Face-to-Face-Situation herzustellen. In der Regel „liest" Emma aber in ihren Bilderbüchern, schaut sich die Gegend an, trällert ein Liedchen oder schläft, wozu das sanfte Geschaukel animiert.
Das Staunen des Publikums hat mit der größeren Verbreitung von Anhängern abgenommen. Wohl gibt es noch immer neugierige Blicke, aufmunterndes Zuwinken und interessierte Anfragen („Ist das nicht gefährlich?"), doch sind solche Transportlösungen inzwischen akzeptiert und gehören zum normalen Straßenbild.
Heute fährt Emma natürlich auch schon selber Rad. Mit zwei bekam sie ein Laufrad, das sie wenige Wochen später schon gut beherrschte. So gut, dass sie mir schon bald einmal ausbüxte. Da habe ich geschimpft, und seither machen wir die Runde um den Block ge-

meinsam – sie per Rad, ich per pedes, oftmals im Trab hinterher.

Der Umstieg auf das erste Kinderrad war mit drei dann eigentlich nur Formsache und bedurfte dank des bereits geschulten Gleichgewichtssinns keiner Stützräder. Mittlerweile umfasst Emmas Fuhrpark bereits zwei Fahrräder unterschiedlicher Größe, das (alte, aber noch immer verwendete) Laufrad, einen Scooter und diverse Dreiräder und sonstige Vehikel aus dem Hausgemeinschaftspool. Ausgewählte Bilderbuchliteratur, PlaymobilradlerInnen und Filme wie ihr Lieblings-Musikvideo „Love Generation" (Bob Sinclair), in dem ein blondgelockter Bub mit seinem BMX-Rad quer durch die USA radelt, komplettieren die frühkindliche „rädliche" Mobilitätserziehung.

Doch weit gefehlt wäre es zu glauben, dass Emma nicht auch gerne Auto fährt. Mit ihren ersten Worten hat sie zwar – ganz nach dem Geschmack von Papa – „Auto stinkt!" zusammengeklaubt, inzwischen schätzt sie aber durchaus die Vorzüge des automobilen Fortkommens. Immer öfter bekomme ich, wenn wir radeln, von hinten ein ungeduldiges „Schneller!" zu hören und ernte Unverständnis, wenn ich mich im Duell mit motorisierten VerkehrsteilnehmerInnen nicht durchsetze – zumindest nicht bis zur nächsten Kreuzung. Mich schmerzt natürlich, wenn auf die Frage „Willst du mit dem Papa mit dem Fahrrad mitfahren oder mit der Mama mit dem Auto?" ihr Daumen zu meinen Ungunsten nach unten geht. Dieser Tage überraschte sie mich zudem mit der Ankündigung, sie möchte gerne bald den Führerschein machen – und meinte damit definitiv nicht den Radführerschein.

Aber immerhin, die Wahlmöglichkeit ist gegeben. Nicht wie in anderen Familien, wo die Kinder die Welt von klein auf nur aus der verengten Windschutzscheibenperspektive erleben, wo Bequemlichkeit in Verbindung mit der Gewohnheit des Kutschiertwerdens später einmal andere Arten der Fortbewegung kaum noch vorstellbar macht. Brrrmdada – und aus!?

Ich tröste mich damit, dass zu starke Erziehungsversuche eh nur gut gemeint, also das Gegenteil von gut sind. Ganz im Sinne des lebenslangen Lernens, das auch für Verkehrsmittelwahl und -verhalten gilt, wollen weiter und immer wieder überzeugende Gründe vor Augen geführt werden. Das fängt bei neueren Einrichtungen wie dem Radfahrtraining in Volksschulen und schon davor bei der Vorbereitung auf das Radfahren mit Laufrädern in Grazer Kindergärten an und hört im Grunde auch mit dem Erwachsensein nie auf, schon deshalb nicht, weil es heute eine weitgehende Wahlfreiheit zwischen den Verkehrsmitteln gibt und die Lebenssituationen öfters wechseln.

Seien wir uns ehrlich: Welche velocipedale Biografie verläuft schon geradlinig und idealtypisch? Ich gestehe, gar so leuchtend war mein Beispiel in jungen Jahren ja auch nicht. Heute ist es mir peinlich, wenn ich zurückdenke, wie ich im Gymnasium den Werkerziehungsprofessor auf seinem rostigen Waffenrad

verachtete und ihn beim Hausplanzeichnen mit zwei Garagen provozierte – eine für mein Alltagsauto und eine für den Freizeit-Porsche.
Diese Pläne habe ich Gott sei Dank nie realisiert, und das Rad habe ich bald wiederentdeckt. Auch wenn ich zwischendurch nicht bei der Stange geblieben war, es sozusagen Brüche im Rahmen der radfahrerischen Kontinuität gegeben hatte: Eine Grunddisposition war vorhanden und ganz offensichtlich auch die nötigen Andockimpulse, die mich wieder in den Sattel gebracht haben. Und diesmal sollte meine Mobilitäts-Vita nachhaltig ins (fast rein) Radlerische gelenkt werden.
Es wird schon was dran sein an Mutters These, dass die Liebe zur Radlerei vererbbar ist. Sie mag noch häufiger in die Wiege gelegt sein, weil damit erste Erfahrungen von Freiheit und Selbstständigkeit verbunden sind. Meist aber erkaltet sie dann im Laufe einer Mobilitätskarriere, wenn andere (motorisierte) Verkehrsmittel und deren viel versprechende und beworbene Eigenschaften in den Vordergrund rücken. Gesellschaftliche Anforderungen und Erwartungen sowie eine zunehmend autogerecht gebaute Umwelt bestärken diese Entfremdung.
Doch der Prozess ist reversibel. Es kommt vor, dass man sich später wieder des Radls, der selbst bestimmten Fortbewegung erinnert, erkennt, auch was für den Körper tun zu müssen und dies mit dem Weg zur Arbeit kombiniert oder sich einfach den Stress des Stop-and-go-Verkehrs inklusive Parkproblemen

Die Idealistische

in der Stadt nicht mehr antun will. An solchen Zäsuren, Kursüberprüfungen, die im Zusammenhang mit Veränderungen beim Wohnen, im Beruf oder in der Familie stehen können, ist es hilfreich, wenn begleitende Angebote von außen da sind, wenn ehemalige wie neue RadlerInnen mit Tipps und Tricks ab- bzw. in den Sattel zurückgeholt werden. Aber das ist eine andere Geschichte und interessiert Emma, die gerade mit ihrem neuen Rad im Hof kreist, noch nicht. Weil sie schon überlauert hat, was mir ein Anliegen ist, lässt sie mich – nach den Dämpfern der vergangenen Tage – versöhnlich wissen: „Das macht Spaß. Ich möchte immer nur Radfahren." Um sich engelsgleich rückzuversichern: „Bist du stolz auf mich, Papa?".
Sicher. Dem Nachwuchs in einer schnittigen Sänfte Fahrgefühl und Umwelt nahezubringen, ist zumindest ein guter Anfang – wenn auch ohne Garantie.

Günter Getzinger
Blick in die Zukunft urbaner Mobilität – Bikecity Graz 2020

In 20 Minuten geht mein Zug nach Wien: das wird knapp. Ich sperr meine Fahrradbox bei der 3er-Endhaltestelle auf, nehme mein Radl heraus, ziehe mein kuscheliges Schaffell (im graukalten Grazer Jänner unverzichtbar!) über den Sattel und fahr los, die Krenngasse runter.

Warum ich nicht mit der Straßenbahn fahre? Gute Frage. Wo doch das Straßenbahnnetz in den letzten zehn Jahren so massiv ausgebaut wurde: Innenstadtentflechtung fertiggestellt, Südwestlinie nach Straßgang und Nordwestlinie nach Gösting fertig, Unilinie fertig, Linie 1 zweigleisig ausgebaut und nach Fölling verlängert und und und. Wo doch durch Bevorrangung, von Straßen getrennte Gleisanlagen, Beendigung des GleisparkerInnenunwesens und Ampelbeeinflussung eine so kräftige Beschleunigung gelungen ist, dass ich mit meinem Fahrrad kein Wettrennen mit dem 3er mehr wagen könnte. Wo doch der Komfort in den Bims unschlagbar ist (alles Niederflur, perfekte Klimatisierung, garantierter Sitzplatz durch Taktverdichtung: die Straßenbahnen fahren alle zwei bis drei Minuten, genügend Platz für Kinderwagen, Rollis und Trolleys). Und trotzdem: Radfahren macht mir einfach mehr Spaß. Auch wenn ich – wie etwa die Hälfte aller GrazerInnen – natürlich eine GrazCard hab, eine Jahreskarte für den öffentlichen Verkehr. Kaum zu glauben, dass noch 2007 gerade einmal 7.146 GrazerInnen eine solche Karte ihr Eigen nannten, aber hier hat wohl die GrazFamilyCard ab 2010 den Durchbruch gebracht.

Schon in der Krenngasse – kürzlich als zweihundertste Grazer Wohnstraße zelebriert – kommt mir eine Radfahrschule entgegen. Seitdem bereits Siebenjährigen erlaubt ist, nach erfolgreicher Absolvierung eines Kurses ohne Begleitung einer/s Erwachsenen durch Graz zu radeln, gehören Radfahrschulen zum Stadtbild. Sie haben mittlerweile den Autofahrschulen den Rang abgelaufen. Kinder ab fünf Jahren lernen in Kleingruppen sicheres Radfahren im Straßenverkehr. Schön, dass sich die Stadt entschieden hat, den Kindern den ersten Helm zu schenken.

Vorbei am Sacré Coeur – ich treffe dort einen Biking Bus, Schulkinder, die morgens gemeinsam zu festen Zeiten eine festgelegte Route in die Schule fahren, alle an dieser Strecke wohnenden Schulkinder schließen sich dem Biking Bus an – sausen an der Ecke Schörgelgasse/Petersgasse die ersten „Elektrischen" an mir vorbei, Richtung Innenstadt: Seitdem die ersten sechs Grazer Stadtbezirke zur Umweltzone erklärt wurden, in welcher der Betrieb von Verbrennungsmotoren verboten ist, sind viele auf Elektro- oder Hybridautos umgestiegen. Erfreulich: auch elektrisch betriebene Scooter, Skateboards und Bikes sind im Kommen und alle teilen sich mit den Elektroautos und den „klassischen" Fahrrädern die Fahrbahn. Die Autos sind eindeutig in der Minderzahl – im Modal Split hat der Umweltverbund aus Bim-BahnBus, Fahrrad und FußgängerInnen seit 2018 die 75 % deutlich überschritten (zum Vergleich: 2004 waren es nur 53 %!) – wohl auch, weil viele PendlerInnen überhaupt auf Öffis umgestiegen sind oder an den Endhaltestellen Bike and Ride nutzen. Regional ist man mit Bahn und Bus unterwegs, innerstädtisch mit Fahrrädern, die über Nacht sicher in den an allen Endhaltestellen installierten Fahrradboxen verwahrt werden. Aber auch andere Kombinationen gibt es: Viele PendlerInnen radeln – nachdem seit einigen Jahren die PendlerInnenpauschale und die PendlerInnenbeihilfe nur noch an ÖV-NutzerInnen und RadlerInnen ausbezahlt werden – zu einer GVB-Endhaltestelle und stellen dort entweder ihr Rad in eine Box und steigen auf Öffis um oder nehmen, weil sie es an ihrem Arbeitsplatz brauchen, ihr Rad mit Bim und Bus mit. Möglich geworden ist das durch einfache bauliche Veränderungen an den Öffis. Diese Umstellung bei PendlerInnenpauschale und PendlerInnenbeihilfe – im Verein mit der Abschaffung der Wohnbauförderung für Einfamilienhäuser und einer drastischen Einschränkung der Widmung von Bauland in Graz-Umgebung – hat übrigens ein kräftiges Wachstum von Graz bewirkt, wir halten mittlerweile bei 337.000 EinwohnerInnen. Ergebnis sind deutlich weniger PendlerInnen, mit ein Grund warum Graz nun die Landeshauptstadt mit den niedrigsten Feinstaubwerten ist. Graz ist schon fast ein Luftkurort!

Die „Haarnadelkurve" in die Schörgelgasse ist rasch genommen, schon kommen mir zwei Gefährte entgegen, die man in den letzten Jahren auch vermehrt im Stadtbild sieht. Ein klug konstruiertes Lastenfahrrad, mit dem sich sowohl (bis zu drei!) Kinder komfortabel und sicher transportieren lassen als auch Güter aller Art. Mit diesen Rädern, die es jetzt schon in großer Formenvielfalt gibt, erledigen viele mittlerweile auch ihren Wochenendgroßeinkauf. Und auch eine Reihe von Zustelldiensten schätzt diese Gefährte. Beachtlich, dass früher Kindertransport und Wochenendeinkauf gerne als Argumente für den Autokauf genannt wurden ...

Ein paar Meter weiter kommt mir ein querschnittgelähmter Radfahrer entgegen, deutlich schneller unterwegs als ich, ist doch sein Fahrrad eine modulare Kombination aus Rollstuhl und Liegefahrrad. Geniales Getriebe, ultraleichte Bauweise, schickes Design!

Auch ich lege nun einen Zahn zu und überquere zügig den Dietrichsteinplatz. In der Reitschulgasse überhole ich eine Fahrradriksha, die auf dem Weg zum Jakominiplatz ist, ihrem zentralen Standplatz. Hier haben neue Materialien und Getriebe (und ein bisschen Luxus, wie Sitzplatzheizung) den Durchbruch gebracht, neben der systematischen Bevorrangung und Bevorzugung nichtmotorisierter VerkehrsteilnehmerInnen in Graz.

Auf dem Jakominiplatz ist für mich als Radler – wie auch schon in früheren Jahren – höchste Achtsamkeit geboten: Durch die kräftige Taktverdichtung sind noch mehr Bims und Busse als früher unterwegs, noch mehr Schienen muss ausgewichen werden. Glücklicherweise hat man einige „Bypasses" für Radler eingerichtet und hat mir meine liebe Frau zum 60er kürzlich ein SUB geschenkt: ein „Sports Utilities Bike" mit extra breiten Reifen!

Über Schmiedgasse, Joanneumring und Neutorgasse erreiche ich den Andreas-Hofer-Platz, der nun endlich in neuem Glanz erstrahlt: Im Herzen des Platzes steht – in Wow-Architektur errichtet – das BikerCenter, eine Art senkrechte Shoppingmall, in der es alles fürs und übers Radl(n) gibt. Neben den Österreich-Headquarters einiger mächtiger Fahrradlobbygruppen und den Flagshipstores der berühmten Fahrradmarken mit ihren ultraschicken Designerbikes findet man im Grazer BikerCenter aber auch eine von Bicycle betriebene professionelle Fahrradwerkstatt, in der – innovativ! – auch selber reparieren möglich ist und Kurse zum Selbstbau von Fahrrädern angeboten werden. Man findet einen Fahrradverleih, eine Liftgarage fürs Fahrräder, natürlich einen Standplatz für Fahrradrikschas und seit kurzem ist dort auch jene Servicestelle des Magistrats untergebracht, welche die Verschrottungsprämie für Autos abwickelt: Für ein Auto, das man hier zur Verschrottung abgibt, bekommt die ganze Familie funkelnagelneue Fahrräder eigener Wahl sowie ein Österreichticket, also einen Freifahrtausweis für alle öffentlichen Verkehrsmittel in Österreich, gültig für zwei Jahre. Natürlich muss sich die Familie im Gegenzug dazu verpflichten, in den nächsten drei Jahren auf ein Auto zu verzichten. Die Rückfallquote ist äußerst gering. Der Andreas-Hofer-Platz ist so zum Grazer Zentrum fürs Fahrrad und allem was dazu gehört geworden.

Auf der Tegetthoffbrücke sehe ich gerade das Luftkissenboot „Edegger" muraufwärts „fliegen". Auch dieses neue öffentliche Verkehrsmittel wird von PendlerInnen gerne genutzt, besonders bewährt hat es sich – gemeinsam mit der „Stingl" – darüber hinaus im Shuttledienst vom und zum Flughafen. Seitdem die Fahrradmitnahme in Flugzeugen so unkompliziert geworden ist und die „Stingl" wie auch die „Edegger" selbstverständlich Fahrradabteile haben, nehmen immer mehr Fluggäste ihre Fahrräder mit nach Graz. Und schön, dass die Acconci-Murinsel nun als Terminal ihre endgültige Bestimmung gefunden hat. Schön auch, dass dabei der Individualverkehr, nämlich Paddler und Ruderer, die vor allem in der Früh und am Abend (als PendlerInnen und FreizeitsportlerInnen) die Mur frequentieren, berücksichtigt wurden.

Durch Belgiergasse und Vorbeckgasse gelange ich in die Annenstraße. In ihr wird mir wieder so richtig bewusst, wie sehr die RadfahrerInnen in Graz die Hegemonie im Verkehr übernommen haben. In der „Anni" – nach vielem Hin und Her endlich zur Radzone (Razo) erklärt – wimmelt es geradezu von Fahrrädern aller nur vorstellbaren Formen und Typen: Citybikes, Mountainbikes, Laufräder, die ManagerInnenräder der Bayerischen Räder Werke (und natürlich auch jene mit dem Stern vorne drauf …), Pedersonräder, Lastenfahrräder, Einräder, Liegefahrräder, SUBs und die neuesten George-Clooney-Räder für SeniorInnen. Kein Wunder, dass Graz der Radlerstadt Groningen 2019 den European Bike Award abgejagt hat. Und kein Wunder, dass Magna sich nach anfänglichem Zögern von der Automobilproduktion verabschiedet und die Fahrradproduktion (nach 40 Jahren Pause!) wieder hochgefahren hat. 22 Millionen Qualitäts-Fahrräder wurden im letzten Jahr von 16.000 Beschäftigten in Graz gefertigt.

Knapp vor der Kreuzung Annenstraße/Bahnhofgürtel – nach der Neugestaltung des gesamten Bahnhofsviertels entsprechend den Anregungen des Grazer Kinderparlaments ist dieser Stadtteil nun wohl die begehrteste Wohnadresse von ganz Graz geworden – geht's in den Untergrund: Eine gemeinsame Unterflurtrasse führt Bim und RadfahrerInnen direkt zu den Bahnsteigen des Grazer Hauptbahnhofs. Ich gleite mit meinem Fahrrad noch über einen kurzen Travelator direkt in den Radwaggon meines Zugs und überlasse mein Fahrrad – nicht ohne mein Sattelfell

vorher in sichere Verwahrung genommen zu haben – der Schaffnerin. Den früher zeitraubenden Ticketkauf hat meine RFID-bewährte GrazCard beim Einsteigen übernommen.
Schließlich sinke ich – leicht erhitzt – in meinen Sitzplatz. Jetzt hab ich ein Nickerchen verdient: nur eine Stunde, denn dann fährt der Pendolino-Railjet schon in Wien Meidling ein.

Die AutorInnen
26 velocipedale Mikro-Bios
(eigene Angaben zu Jahrgang, Profession, RadlerInnentypus,
Radfuhrpark, Kilometer-Leistung 2008)

Günter Getzinger
Jg. 1960, Universitätsmensch, unterrichtet Technikphilosophie und Technologiepolitik in Graz, Klagenfurt und Wien. Leidenschaftlicher Stadt- und Freizeitradler ohne Führerschein, KTM-Damenfahrrad (*„mit hohem Lenker: sehr bequem!"*), etwa 1500 km, z. T. mit Vitus oder Letizia im Kindersitz

Peter Grabensberger
Jg. 1954, Leiter des Grazer Kulturamtes
Alltags- und Genussradler
Simplon
1000 km und mehr

Gunther Hasewend

Jg. 1942
Landesbaudirektor a.D., OWT
(= OberWelschTeufl)
Alltagsdreiradler
Kynast Dreirad, schwarz
ca. 1800 km

Klaus Höfler

Jg. 1972
Journalist „Die Presse"
Alltagsstadtradler *(„zwecks beruflicher Mobilität und aus privater Bequemlichkeit")*
Steirerbike (aktiv), Mountainbike (karenziert)
Km: keine Aufzeichnung
(„ständig – per Rad – auf der Flucht...")

Günther Huber

Jg. 1952
Gastronom
Alltags- und Freizeitradler
Alpha Trekking Bike
ca. 2000 km

Johannes Koren

Jg. 1939, Journalist und Autor, ehem. Leiter Abteilung für Medien und Kultur, WK Steiermark, Alltagsradfahrer Scott Citybike (*"erworben 1997 unter Anleitung meines Freundes Franz Deutsch, des zweifachen Siegers der Österreich-Rundfahrt, der noch immer ein Auge auf meine radlerische Ausrüstung hat"*)
3200 km, ausschl. im Stadtgebiet von Graz

Walter Müller

Jg. 1956
Psychologe, Redakteur „Der Standard"
90 Prozent Alltagsradler (*"seit dem Besitz eines Riese- und Müller-Rades auch 10 Prozent Genussradler"*)
Müller und Riese, ein (wegen der eklatanten Qualitätsmängel) ausrangiertes Falter-Rad
ca. 1500 km

Martin „Sic" Orthacker

Jg. 1976, Radfahrer
Berufs-, Alltags- und Rennradler
2 x Rennrad (Trek für Rennen, Cube Ex-Botenbike), 2 x Mountainbike (Specialized fürs Gelände, Newton als Zugmaschine für den Kinderanhänger), 1 x Fixie (*"für immer und überall – außer zum Anhängerziehen, das lässt mich meine Gemahlin nicht..."*)
Km: *"beschämend wenig"* (*"insgesamt wohl mehr als zweimal um die Erde"*)

Angela „Zora" Pilz

Jg. 1983
Studentin der Anglistik und Amerikanistik
sportliche Berufs-, Alltags- und Freizeitradlerin
Rennrad Puch Mistral, Canyon Roadlite WRX
2700 km Botendienst/
2600 km Alltag/
1500 km Freizeit

Kristina Edlinger-Ploder

Jg. 1971
gelernte Juristin, praktizierende Politikerin
(Sommer-)Alltagsradlerin
2 Steirerbikes in der Trekkingversion (*eines privat mit Korbaufbauten zum Einkaufen oder Schultaschen befördern, eines als Bürorad für Stadttermine*)
ca. 1000 km (*80 % Stadt, 20 % Ausflüge zum Eis essen :-)*)

Matthias Rassi

Jg. 1948
Pensionist und freischaffender Fahrradbote, früher Kraftfahrer
sportlicher Alltagsradler
KTM Imola Trekking, MTBs Trek, Nakita
9000 km

Harald Rössler

Jg. 1970, Gemeindeamtsleiter und Standesbeamter in Maria Buch-Feistritz, Bez. Judenburg
Alltags-, Freizeit-, Kurzstreckenradler, ein recyceltes Steyr Waffenrad, *("Alter schwer zu sagen, aber sicherlich älter als ich")*, neues Citybike *("für schnellere Ausfahrten mit meiner Familie und bei längeren Strecken")*, ca. 1000 km

Eva Rümmele

Jg. 1975, Sportwissenschafterin/ Personal Trainerin
Mountainbikerin/ Downhill
Rennrad Stoeger (zu Trainingszwecken), MTB Genesis (als Stadtrad), MTB Cube, MTB Downhillbike Steinbock (Eigenbau)
ca. 100 km Stadt, 300 km Downhill, 500 km MTB *(nicht repräsentativ, da ich einen einjährigen Sohn habe und der nächste im Anmarsch ist)*

Monika Savas

Jg. 1962
Lehrerin, alleinerziehende Mutter dreier Kinder
Alltags- und Freizeitradlerin
Genesis Trekkingbike
1000 km (10–12/08)

Valeska und Philipp Schaudy

Jg. 1978; Jg. 1973
Umweltsystemwissenschafterin; Geograf
Fern- und AlltagsradlerIn
z. Z. 2x Cayenne 7000
je 17.000 km (Okt. 2006 bis Ende 2008: je 40 000 km)

Werner Schandor

Jg. 1964
PR-Berater, Texter und Autor, Herausgeber des Magazins „schreibkraft"
Alltagsradler *("zu jeder Jahreszeit und bei jeder Temperatur, so lange es nicht aus Kübeln gießt")*
Merida Freeway 9800, Bj. 2006 *("Tolles Rad, und schön ist es obendrein!")*
ca. 1000–1200 km (Stadt)

Colette M. Schmidt

Jg. 1971 (geb. in Kitchener/CDN)
Redakteurin „Der Standard", Autorin
Berufs- und Privatradlerin *("keine sportlichen Gewalttouren")*
Damenrad „Everest Sport" *("Wenn mich wer fragt, was ich für ein Rad fahre, antworte ich: Ein altes, rotes.")*
Km: Hmh? *("Ich bewege mich seit über 20 Jahren, abgesehen von zwei Jahren Autobesitz, in der Stadt fast ausschließlich mit dem Rad.")*

Heidi Schmitt
Jg. 1964
Biologin, Forschungsmanagement
Med-Uni Graz, Obfrau Radlobby
ARGUS Steiermark
Allroundradlerin
Bremer Manufaktur plus Transport-
anhänger Cargo Croozer (Alltag),
Steirerbike (Touren), Hercules
Estrella, Venice, Faltrad Brompton
ca. 7000 km (4500 km
Alltag/2500 km Freizeit)

Ernst Sittinger
Jg. 1966
Jurist, Journalist, Kabarettist;
Mitglied der Chefredaktion
„Kleine Zeitung" Alltags- und
Bergradler. MTB Trek 8500,
Merida Matts 2000, Steirerbike
First Edition, Puch Clubman
1977, KTM Herrenrad 70er-
Jahre, Basso Rennrad 80er-Jahre
3500 km Stadt/ 4200 km Berg
(85 000 Hm)

Andrea Stanitznig
Jg. 1983
Journalistin „Kleine Zeitung"
Selten-Radlerin

Hubert Sudi
Jg. 1962
Allgemein-Mechaniker, landwirtschaftlicher Facharbeiter, Ökowirt, Behinderten-Fachbetreuer
Pendler
Quest (Liegedreirad vollverkleidet), Monorad (Einrad mit 2,10 Meter Durchmesser zum Reinsitzen)
8000 km

Edith Temmel
Jg. 1942
Künstlerin
Gelegenheitsradlerin

Günther Tischler
Jg. 1948
Raumplaner
Alltagsradler & Füßler
Hercules *("Stadtrad mit Nabendynamo!")*, Klein Rennradl *("im Abstellkammerl...")*
Km: *„keine Ahnung"*

Wolfgang Wehap
Jg. 1959
Volkskundler und Journalist, Leiter des Graz-Büros der Austria Presse Agentur (APA)
Alltags- und Tourenradler
Hercules Cabrero Light, Cube Overland, Oldtimer (Puch, Junior)
Ca. 1600 km Stadt/ 1000 km Land
(z. T. inkl. Kinderanhänger)

Jörg-Martin Willnauer
Jg. 1957
Musiker, Kabarettist, Autor
Schönwetter- bzw. Tourenradler
Renner Continental *(„hat mir mein Bruder, Inhaber eines Radreparaturgeschäfts, zusammengebaut")*, Stadtrad „Merida Freeway 9800"
Km: *„Weiß ich ehrlich gesagt nicht, habe keinen Zähler"*

RadLerleben: Der Film

Schüsselszenen aus einigen Beiträgen des Buches sind vom Filmemacher Roland Wehap (u. a. „Burma all inclusive") in bewegte Bilder umgesetzt worden. Lesend und radelnd wirken mit:
Monika Savas, Matthias Rassi, Hubert Sudi, Valeska und Philipp Schaudy, Andrea Stanitznig (über und mit Tini Pölzl) und Werner Schandor (über und mit Werner Kunster), Ernst Sittinger, Gunther Hasewend, Klaus Höfler, Angela Pilz und Kristina Edlinger-Ploder.
Nicht immer konnte bei den Drehs auf das Auto verzichtet werden. Die Fahraufnahmen in Graz wurden aber mit Hilfe eines Spezialrades (Rollstuhlrad) gemacht, das von der „Bunten Rampe" zur Verfügung gestellt und von „Rebikel" noch mit einem Anhänger ausgestattet wurde. So konnten von der Crew – neben den Brüdern Wehap war auch Buch-Lektor Walter Bradler dabei – Verfolgungen aus einem vorne angedockten Rollstuhl und Frontalaunahmen von fahrenden RadlerInnen vom angehängten Roland-Anhänger aus gemacht werden. Die Arbeit mit diesem „Long Vehicle" wäre schon fast für sich eine eigene Story im Radlesebuch wert gewesen ...

Zu beziehen ist der Film auf DVD
unter: argus-stmk@gmx.at
Infos zu „rowe productions": http://www.rowe.at

Weblinks

Radfahren in der Steiermark:
http://radland.steiermark.at Landesradportal
http://graz.radln.net ARGUS Steiermark – Die Radlobby

Internet-Adressen einiger AutorInnen:
http://www.edith-temmel.at
http://www.textbox.at (Werner Schandor)
http://www.veloblitz.at (Martin Orthacker, Angela Pilz)
http://www.h2-info.at (Hubert Sudi)
http://www.landhauskeller.at (Günther Huber)
http://www.2-play-on-earth.net (Schaudy)
http://www.velochicks.at (Eva Rümmele)
http://www.willnauer.at

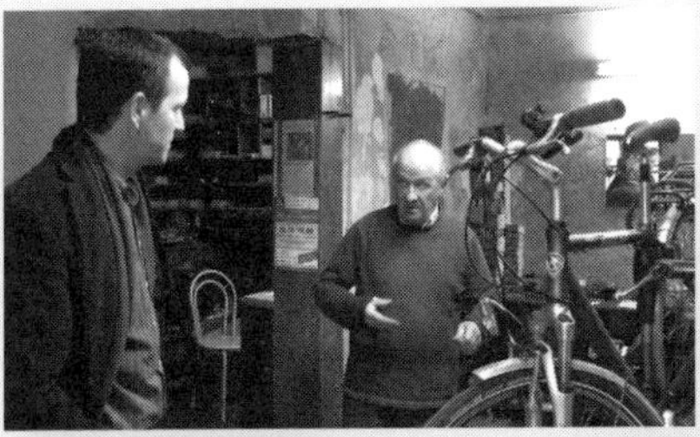

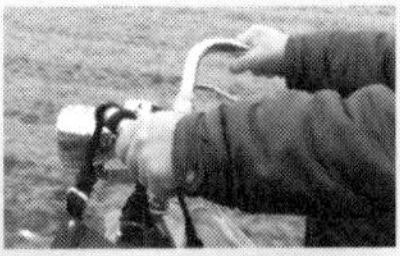

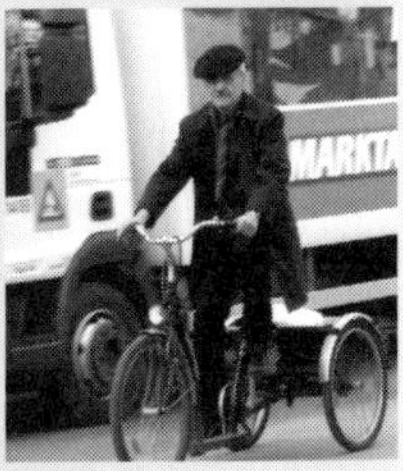

MARKTA

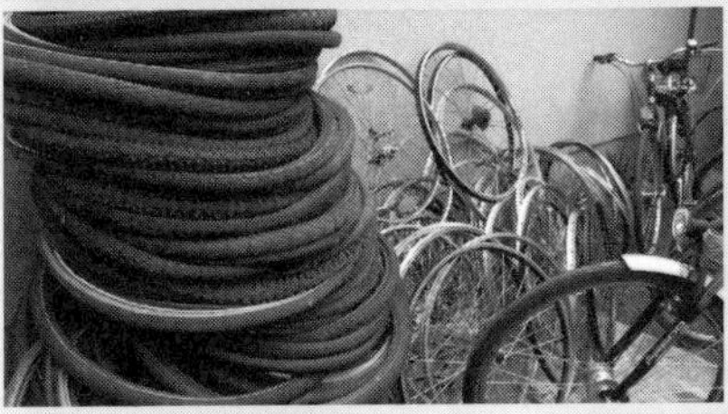

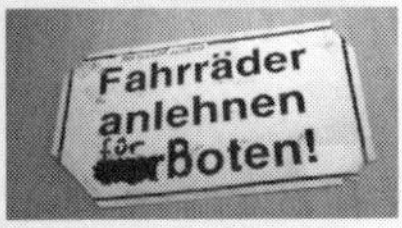

Fahrräder
anlehnen
für Boten!

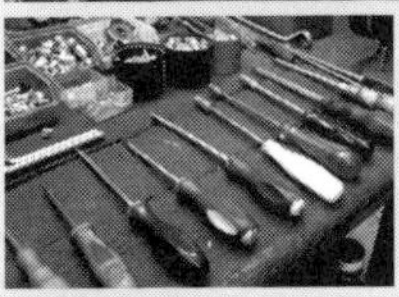

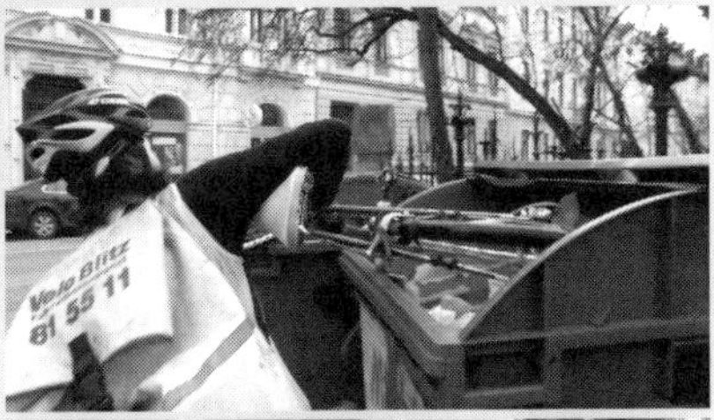

Velo Blitz
81 55 11

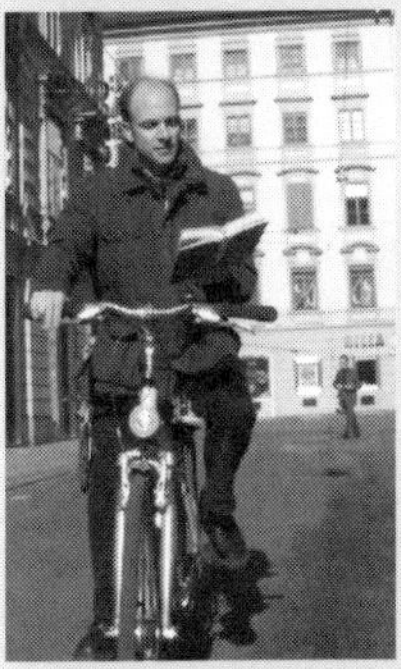

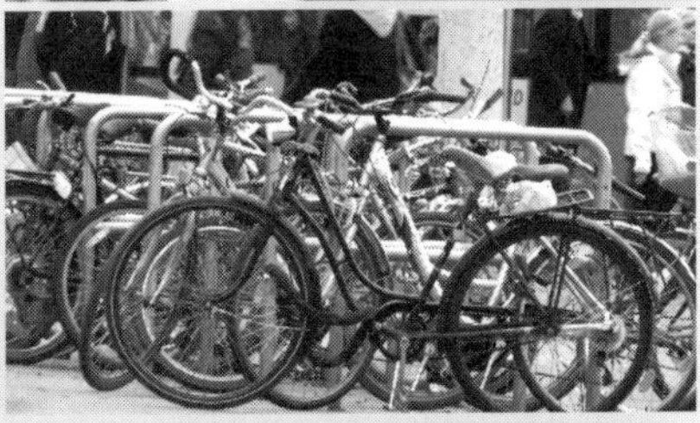

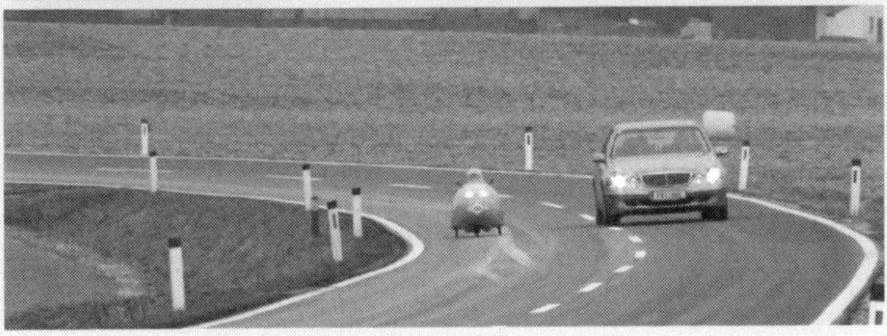

Im Andenken an die Pioniere
des modernen Grazer Radverkehrs

Erich Edegger (1940–1992)
Manfred Hönig (1943–2002)
Fritz Möstl (1925–2002)

All frei!